MW00745555

A gestão ambiental e a sua influência no controlo ambiental

Mirko Juniors Morales Ramírez

A gestão ambiental e a sua influência no controlo ambiental

do município provincial de San Martín, 2021

ScienciaScripts

This book is a translation from the original published under ISBN 978-3-659-01191-7.

Publisher:
Sciencia Scripts
is a trademark of
Dodo Books Indian Ocean Ltd. and OmniScriptum S.R.L publishing group

120 High Road, East Finchley, London, N2 9ED, United Kingdom
Str. Armeneasca 28/1, office 1, Chisinau MD-2012, Republic of Moldova, Europe

ISBN: 978-620-5-81315-7

Conteúdos

DEDICAÇÃO

Aos meus pais Leonardo e Milena, que com o seu amor, paciência e esforço me permitiram realizar mais um sonho, obrigado por me inculcarem o exemplo de esforço e coragem, de não temer a adversidade porque Deus está sempre comigo.

Mirko Juniors Morales Ramirez

OBRIGADO

Ao Dr. Armando Figueroa Sanchez, pela sua orientação no desenvolvimento da minha investigação.

Aos colaboradores da Câmara Municipal Provincial de San Marth, pelo seu apoio à execução da minha investigação.

Mirko Juniors Morales Ramirez

SÍNTESE

O objectivo desta investigação era analisar a forma como a gestão ambiental influencia a auditoria ambiental no Município Provincial de San Martin, 2021. Apresentou uma abordagem quantitativa, não experimental, descritiva e correlativa, com uma amostra de 76 funcionários públicos da Municipalidade Provincial de San Martin. Entre os resultados, verificou-se que, para 92,1% dos funcionários públicos entrevistados, o acesso à justiça ambiental não é facilitado no Município. Do mesmo modo, para 89,5% dos funcionários públicos, o Município nem sempre avalia o desempenho da regulamentação ambiental. Para 97,4% dos funcionários públicos, o Município nem sempre gera informação ambiental para a tomada de decisões. Para 92,1%, o município nem sempre toma medidas para assegurar um ambiente saudável (água, ar, solo, resíduos sólidos). Por sua vez, 97,4% indicou que o município nem sempre promove adequadamente o investimento sustentável. 92,1% indicou que o município nem sempre gere o seu território de uma forma que tire partido dos recursos naturais. Do mesmo modo, 94,7% indicou que as provas técnicas de controlo ambiental não são eficientes. Por outro lado, 100% dos entrevistados afirmaram que o cumprimento das obrigações ambientais no processo de inspecção não é eficiente. Para 81,6%, o estudo de possíveis infracções administrativas a nível ambiental não é eficiente. De acordo com 97,4%, a implementação de medidas correctivas de acordo com a auditoria ambiental não é eficiente. Por outro lado, conclui-se que a gestão ambiental está associada ao controlo ambiental do Município Provincial de San Martin.

Palavras-chave: Gestão, Ambiente, Fiscalização.

4

INTRODUÇÃO
Descrição da Situação Problemática

Ao longo dos anos, a dependência dos seres humanos do ambiente tornou-se cada vez mais evidente, bem como a sua vulnerabilidade a grandes alterações climáticas e deterioração ambiental; por esta razão, estratégias e planos de conservação têm sido desenvolvidos a nível global. No entanto, na América Latina, segundo (Gutierrez, 2020) tem sido um pouco mais difícil unificar os aspectos do ambiente com a saúde da população, embora existam "políticas, programas e estratégias de saúde ambiental, estas têm diferentes níveis de hierarquia e aplicabilidade, e em termos gerais é necessário desenvolver um processo dedutivo para estabelecer a relação entre os factores ambientais e de saúde".

No Peru, a fim de garantir a qualidade de vida da população e o desenvolvimento sustentável do país, o Estado promulgou a (Resolução Ministerial N°247-2013-MINAM, 2013), para regulamentar o Regime de Controlo Ambiental que estabelece orientações, princípios e bases comuns para o controlo ambiental no país, bem como as disposições gerais que devem ser cumpridas de forma obrigatória pelas Entidades de Controlo Ambiental (AAE). Este regulamento é coerente com a (Ley General del Ambiente, 2017), que regula que todas as pessoas que geram impactos ambientais significativos, por outras palavras, todos os números que têm qualquer influência no ambiente estão sujeitos às acções de inspecção e controlo ambiental. Neste sentido, o (Organismo de Evaluacion y Fiscalizacion Ambiental, 2012) sustenta que as Entidades Nacionais de Auditoria Ambiental (AAE) "são as que têm poderes expressos para desenvolver funções de auditoria ambiental".

Durante o período de confinamento devido à pandemia COVID-19, as condições ambientais melhoraram em certos aspectos, especialmente a qualidade do ar, nesse sentido (Oyague, Yaja, & Franco, 2020) argumentam que, "a redução da actividade humana, devido ao isolamento, produz uma série de impactos positivos sobre o ambiente, mas estes são de curta duração". Franco, 2020) argumentam que, "a redução da actividade humana, devido ao isolamento, produz uma série de impactos positivos sobre o ambiente, mas estes são de curta duração", pois (Oyague, Yaja, & Franco, 2020) um dos riscos naturais após o estado de confinamento é a deterioração acelerada do ambiente, devido à necessidade de recuperar as perdas económicas.

Entre os problemas ambientais está o não cumprimento das medidas de protecção, isto pode ser inferido do relatório do (Instituto Nacional de Estatística e Informática, 2020) que afirma que, "durante 2019, foram registados 447 crimes contra o ambiente; poluição (250) e não cumprimento das normas sanitárias (58), entre os mais frequentes". Um dos recursos mais afectados é a qualidade do ar, segundo o (Instituto Nacional de Estatística e Informática, 2020), "foram registadas 2 milhões 316 mil visitas a crianças com menos de 5 anos de idade afectadas por infecções respiratórias".

Por outro lado, entre as regiões mais afectadas pelas fortes chuvas estão "Loreto (2 mil 965 miKmetros), Ucayali (2 mil 696 miKmetros), Madre de Dios (2 mil 8 miKmetros), San Marth (1 mil 722 miKmetros) e Pasco (1 mil 633 miKmetros)" (Instituto Nacional de Estad^stica e Informatica, 2020). Dentro desta ordem de ideias, o (Programa de Polftica y Gestion Ambiental - SPDA, 2016) afirma que, a avaliação do impacto ambiental é uma ferramenta que procura reduzir o impacto ambiental, através de um método administrativo para reduzir os impactos causados pelas ocupações humanas.

A este respeito, é necessário especificar que a AAE responsável pela realização de acções de inspecção ambiental para problemas ambientais (poluição sonora, resíduos sólidos) no distrito de Tarapoto é o Município Provincial de San Martin, pelo que é necessário saber como a gestão influencia as acções de inspecção ambiental,

6

para as quais foram colocados os seguintes problemas científicos: **Formulação do**

Problema

Problema geral

PG.- De que forma a gestão ambiental influencia o controlo ambiental do Município

Provincial de San Martin, 2021?

Problemas ortográficos

PE1.- ^Como é que a gestão ambiental influencia a avaliação da Municipalidade

Provincial de San Martin, 2021?

Como é que a gestão ambiental influencia a supervisão da Municipalidade Provincial

de San Martin, 2021?

PE3.- ^Como é que a gestão ambiental influencia o poder sancionatório da

Municipalidade Provincial de San Martin, 2021?

Objectivos de investigação

Objectivo Geral

OG. - Analisar a forma como a gestão ambiental influencia a auditoria ambiental no

Município Provincial de San Martin, 2021.

Objectivos específicos

Para saber como a gestão ambiental influencia a avaliação da Câmara Municipal

Provincial de San Martin, 2021.

Estabelecer como a gestão ambiental influencia a supervisão do Município Provincial

de San Martin, 2021.

SO3.- Identificar como a gestão ambiental influencia o poder sancionatório do

Município Provincial de San Martin, 2021.

Importância da Investigação

Os municípios, enquanto instituições públicas, orientam as suas funções para a

satisfação das necessidades da comunidade, entre elas está a garantia de um ambiente saudável. Segundo o relatório (Programa Puentes UC, 2019), a importância da gestão ambiental nos municípios "reside no facto de as acções serem específicas e responderem às particularidades de cada território e comunidade, reconhecendo a diversidade interna e incluindo a participação dos diferentes actores comunitários na tomada de decisões ambientais". As implicações de conhecer a gestão e supervisão ambiental do Município Provincial de San Martin, permitirão analisar a conformidade do Regime de Supervisão Ambiental, cujos resultados procuram melhorar a redução dos problemas comunitários associados aos resíduos sólidos.

No mesmo sentido, (Armas, 2020) argumenta que, "os municípios devem desempenhar um papel muito importante como força motriz das políticas ambientais a nível local, assegurando que a gestão ambiental do município tenha a capacidade de enfrentar grandes desafios na procura de um verdadeiro desenvolvimento sustentável".

As contribuições práticas da presente investigação consistiram em informar a comunidade sobre a situação actual da gestão e supervisão ambiental na perspectiva dos funcionários da Municipalidade Provincial de San Martin, que são os principais actores na gestão ambiental na localidade. Além disso, os resultados são um instrumento de informação para o Município Provincial de San Martin e para os cidadãos, uma vez que fornecem dados sobre o cumprimento das normas legais relacionadas com o controlo ambiental em vigor.

Do mesmo modo, a investigação forneceu contribuições significativas à comunidade científica, como fonte de conhecimento, uma vez que os resultados servirão de quadro de referência e abertura para futuras investigações dentro e fora da Municipalidade Provincial de San Martin. Por outras palavras, estava a contribuir para a implementação de actividades de controlo ambiental para reduzir a poluição sonora e os resíduos sólidos na jurisdição territorial da cidade de Tarapoto.

O presente trabalho de investigação foi considerado viável porque teve acesso a informações sobre a gestão ambiental do Município Provincial de San Martin. Do mesmo modo, os recursos financeiros e de tempo estavam disponíveis para levar a cabo o desenvolvimento dos objectivos de investigação.

A estrutura deste estudo é detalhada a seguir:

No Capítulo I - Quadro Teórico, são apresentados os antecedentes da investigação, os fundamentos teóricos e as definições de termos básicos.

No Capítulo II - Questões e Operacionalização das Variáveis, são apresentadas as questões de investigação, bem como a matriz de operacionalização das variáveis, definindo as variáveis, e apresentando as suas dimensões e indicadores.

No Capítulo III - Metodologia de Investigação, são apresentados o desenho metodológico, a concepção de amostras, técnicas de recolha de dados, técnicas de gestão e estatísticas para o processamento de informação, e aspectos éticos. No Capítulo IV - Resultados e Proposta de Valor, são apresentados os resultados obtidos a partir do questionário.

No Capítulo V - Discussão, são apresentadas comparações dos resultados obtidos de outros autores com os obtidos no presente estudo.

Em seguida, são apresentadas as Conclusões e Recomendações, que estão directamente relacionadas com os problemas e objectivos da investigação.

CAPÍTULO I

QUADRO TEÓRICO

1.1 Antecedentes de investigação

1.1.1 Antecedentes internacionais

Na Colômbia, (Roggeroni, 2014) na "Análise da Implementação do Sistema de Gestão Ambiental Local da Província de Mariscal Ramon Castilla com base na Norma ISO 14001", cujo objectivo era analisar os elementos da implementação da gestão ambiental, utilizando uma metodologia descritiva quantitativa. (Roggeroni, 2014) concluiu que, "o Município aplica o Sistema de Gestão Ambiental baseado na Norma Internacional ISO 14001 e dispõe de 51% dos instrumentos de gestão ambiental, mas mesmo assim, não conseguiu resolver as deficiências qualitativas do planeamento e que há margem para melhorias" (Roggeroni, 2014).

1.1.2 Antecedentes Nacionais

Na investigação de (Ramirez, 2017) intitulada "Importância da supervisão ambiental nos factores que levam à aplicação de sanções ambientais firmes nos procedimentos sancionatórios do Município Provincial de Tambopata, Departamento de Madre de Dios", o objectivo da investigação era determinar a importância da supervisão ambiental no município. Em termos de supervisão, 71% destinavam-se à gestão de resíduos sólidos e 29% à poluição ambiental. As portarias que estabelecem as, falta de especificação para detalhar as funções em matéria de fiscalização ambiental; do mesmo modo (Ramirez, 2017) sustentam que, existem procedimentos sancionatórios administrativos que são iniciados no Município, mas carecem de critérios técnicos e legais que apoiam as resoluções sancionatórias, estas acabam por cair em nulidade por diferentes vícios legais.

Por outro lado, (Araujo & Casanova, 2018) na investigação sobre "O grau de conformidade com a auditoria ambiental nos municípios distritais da província de Trujillo durante os anos 2013 a 2017", cujo objectivo era estabelecer o grau de conformidade com a auditoria ambiental nos municípios, a investigação teve uma abordagem mista. (Araujo & Casanova, 2018) concluiu que, "29% têm o orçamento económico para o desenvolvimento de funções de auditoria ambiental, enquanto 71% não têm tal dotação.

Pela sua parte, (Rodriguez, 2020) realizou um estudo intitulado "Gestão ambiental e eco-eficiência no município provincial de Moyobamba, 2020", cujo objectivo era determinar a associação entre as variáveis utilizando o método correlacional. Os resultados mostraram que 61,6% consideraram a gestão ambiental no município como justa, 20,5% consideraram-na pobre e 17,8% consideraram-na boa. Quanto ao serviço social, 46,6% consideraram-no justo e 31,5% consideraram-no mau. (Rodriguez, 2020) concluiu que havia uma "correlação positiva moderada e significativa entre as variáveis. O valor do coeficiente de correlação de Rho Spearman foi de 0,595".

Na tese de (Roca, 2019) intitulada "Auditoria ambiental e seu efeito na avaliação da gestão ambiental do Município Provincial de Huamanga, 2018", o objectivo de "determinar que a auditoria ambiental e o seu efeito na avaliação da gestão ambiental" foi alcançado através de uma abordagem quantitativa e correlacional. Os resultados mostraram que 73% dos inquiridos declararam que a sua tomada de decisões tem em conta o impacto das suas actividades ambientais na sociedade e 27% responderam que não têm em conta o impacto das suas actividades ambientais na sociedade. Por outro lado, 41% declararam que recebem sempre formação ambiental; 39% responderam que ocasionalmente; 10% responderam que por vezes, e 10% responderam que nunca recebem formação ambiental (Roca, 2019) concluíram que a auditoria ambiental influencia a melhoria das boas práticas no município.

Na investigação de (Ushinahua, 2019) sobre "Gestão ambiental e sua relação com a gestão integrada de resíduos sólidos no Município Provincial de San Marth, 2018", cujo principal objectivo era estabelecer a associação entre a (Ushinahua, 2019) apresenta nos resultados do estudo que, "64% dos resultados classificaram a dimensão da supervisão como inadequada". Concluindo que, "existe uma relação directa entre a gestão ambiental e a gestão de resíduos sólidos no Município Provincial de San Martin; com um coeficiente de correlação de 0,689" (Ushinahua, 2019).

1.2 Base Teórica

1.2.1 Gestão ambiental

A gestão ambiental de acordo com a (Ley General del Ambiente, 2017) é definida como "um processo contínuo, consistindo num conjunto estruturado de princípios, normas técnicas, processos e actividades, destinados a gerir os interesses, expectativas e recursos relacionados com os objectivos da política ambiental e, assim, alcançar uma melhor qualidade de vida".

A (Comissão Multisectorial, 2012) apresentou um grupo de acções destinadas a melhorar o foco ambiental e social do desenvolvimento no território, centradas em quatro eixos estratégicos "Estado soberano e garante de direitos (governação), melhoria da qualidade de vida com um ambiente saudável, utilização harmoniosa dos recursos naturais, e património natural saudável". Estes eixos manifestam a prioridade nacional do ponto de vista ambiental, incorporando correctamente os desafios para garantir a qualidade ambiental.

Em paralelo, estes eixos organizam a mediação estatal na administração ambiental, explicando objectivos claros e assegurando o cumprimento de políticas e regulamentos. Segundo a (Comisión Multisectorial, 2012) o primeiro eixo estratégico é a governação, entendida como a vontade política de garantir o cumprimento das suas funções em termos de acesso à justiça e supervisão ambiental, melhorando o desempenho da gestão e regulamentação ambiental. São consideradas as seguintes prioridades para o desenvolvimento deste eixo: "acesso à justiça e fiscalização ambiental, melhoria do desempenho do Estado na gestão e regulamentação ambiental, geração de informação ambiental sistemática e integrada para a tomada de decisões, reforço da educação ambiental, capacitação e profissionalização ambiental" (Comisión Multisectorial, 2012).

O segundo eixo consiste na qualidade de vida com um ambiente saudável, neste sentido, a (Comissão Multisectorial, 2012) defende que, "o Estado deve assegurar a prevenção e atenuação das externalidades negativas geradas pelas actividades económicas, protegendo a saúde das pessoas e dos ecossistemas", com o objectivo de garantir um ambiente saudável. O terceiro eixo trata da utilização dos recursos naturais, "constitui um impulso que está associado à gestão sustentável dos recursos naturais como um elemento fundamental das políticas e estratégias nacionais de desenvolvimento". Este eixo considera a promoção de investimentos sustentáveis, gestão territorial, actividades produtivas e desenvolvimento com inclusão social (Comisión Multisectorial, 2012).

O quarto eixo é denominado património natural saudável, este eixo é entendido como a manutenção e melhoria da função dos ecossistemas para fornecer bens e serviços ambientais, tais como regulação climática, regulação da água, produtos florestais, pescas, terrenos agrícolas, entre outros, de forma a assegurar as condições ideais para alcançar a paz humana, crescimento e desenvolvimento, em benefício da população (Comissão Multisectorial, 2012).

1.2.2 Monitorização ambiental

Segundo o (Organismo de Evaluacion y Fiscalizacion Ambiental, 2018), a auditoria ambiental "é a acção de controlo levada a cabo por uma entidade pública para verificar o cumprimento das obrigações ambientais", incluindo poderes de avaliação, supervisão e sanção. Por outras palavras, o objectivo da auditoria ambiental é assegurar que aqueles que são administrados cumprem as suas obrigações, a fim de assegurar a conservação do ambiente e a utilização sustentável dos recursos naturais.

A (Agência de Avaliação e Controlo Ambiental, 2018) argumenta que a avaliação se baseia no desenvolvimento de acções para monitorizar a qualidade do ambiente e o estado de conservação dos recursos naturais. O principal objectivo é obter provas técnicas sobre o estado dos elementos do ambiente. Pode também avaliar os vários determinantes da qualidade do ambiente, tais como derrames, deterioração do ambiente, entre outros.

A função de supervisão de acordo com o (Organismo de Avaliação e Fiscalização Ambiental, 2018) consiste nas "acções de verificação e acompanhamento com o objectivo de assegurar o cumprimento das obrigações ambientais dos administrados; ou seja, através desta função, verifica-se o cumprimento das obrigações ambientais que podem ser auditadas".

Finalmente, entre as funções da auditoria ambiental está o poder sancionatório, que segundo o Organismo de Evaluacion y Fiscalizacion Ambiental, 2018, atinge o "poder de investigar possíveis infracções administrativas e impor sanções e medidas administrativas por incumprimento das obrigações ambientais que possam ser auditadas no âmbito de um procedimento sancionatório administrativo".

Por seu lado, o (Organismo de Evaluacion y Fiscalizacion Ambiental, 2018) assinala que as medidas correctivas reduzem o impacto prejudicial das infracções nos cuidados ambientais. O método administrativo de sanção deve respeitar as garantias e os direitos das partes administradas.

1.3 Definição de Termos Básicos

Utilização Sustentável dos Recursos Naturais: "A utilização dos recursos naturais de uma forma que não afecte as possibilidades da sua utilização futura indefinidamente; respeitando a sua integridade funcional e a capacidade de carga dos ecossistemas". (Ministério do Ambiente, 2012)

Auditoria ambiental: "Instrumento de gestão ambiental, de natureza voluntária, que inclui uma avaliação sistemática, documentada, periódica e objectiva do desempenho ambiental de uma determinada organização e do cumprimento das suas políticas ambientais". (Ministério do Ambiente, 2012)

Biodiversidade: "é a diversidade dos seres vivos, mais precisamente. microorganismos, plantas e animais interagindo uns com os outros são o produto da evolução, onde os seres vivos se relacionam harmoniosamente com o ambiente em que estão presentes". (Ard Schoemaker, 2017)

Controlo Ambiental: "É o conjunto de acções, instrumentos e ferramentas levadas a cabo pela autoridade competente para assegurar o cumprimento dos regulamentos e obrigações ambientais, bem como para corrigir, prevenir ou evitar situações que ponham em perigo o ambiente". (Ministério do Ambiente, 2012)

Impacto ambiental: "Refere-se ao efeito que uma determinada acção humana produz no ambiente nos seus diferentes aspectos, em termos mais técnicos poder-se-ia dizer que é a alteração da linha de base como consequência de uma acção antrópica ou de eventos naturais". (Ard Schoemaker, 2017)

Medidas correctivas de adequação: "Destinam-se a assegurar que o operador adapta as suas actividades a determinadas normas, de modo a assegurar a atenuação de possíveis efeitos nocivos sobre o ambiente ou a saúde humana. Por exemplo, cursos de formação ambiental obrigatórios". (Ministério do Ambiente, 2016)

Medidas correctivas de paralisação: "Têm como objectivo paralisar ou neutralizar a actividade que gera danos ambientais e assim impedir a continuação do impacto ambiental ou a saúde das pessoas". (Ministério do Ambiente, 2016)

Medidas correctivas de restauração: "O seu objectivo é restaurar, reabilitar ou reparar a situação alterada, com o objectivo de regressar ao estado de coisas que existiam antes dos danos" (Ministério do Ambiente, 2016).

CAPÍTULO II
QUESTÕES E OPERACIONALIZAÇÃO DAS VARIÁVEIS

Entre os problemas ambientais está o não cumprimento das medidas de protecção, segundo informações do (Instituto Nacional de Estatística e Informática, 2020) "durante o ano de 2019, foram registados 447 crimes contra o ambiente; por poluição (250) e incumprimento das normas sanitárias (58), entre os mais frequentes". Um dos recursos mais afectados é a qualidade do ar, o que se reflecte no número de crianças afectadas por infecções respiratórias, no relatório do (Instituto Nacional de Estatística e Informática, 2020) é indicado que, "2 milhões 316 mil atenções a crianças com menos de 5 anos de idade afectadas por infecções respiratórias foram registadas".

À luz do acima exposto, foram colocadas as seguintes questões:

• De que forma a gestão ambiental influencia o controlo ambiental do Município Provincial de San Martin, 2021?

• Como é que a gestão ambiental influencia a avaliação da Municipalidade Provincial de San Martin, 2021?

• De que forma a gestão ambiental influencia a supervisão do Município Provincial de San Martin, 2021?

• Como a gestão ambiental influencia a autoridade sancionadora do Município Provincial de San Martin, 2021?

De acordo com (Armas, 2020), "os municípios devem desempenhar um papel muito importante como força motriz das políticas ambientais a nível local, assegurando que a gestão ambiental do município tenha a capacidade de enfrentar grandes desafios na procura de um verdadeiro desenvolvimento sustentável".

A investigação proposta é viável porque teve acesso à informação sobre a gestão ambiental do Município Provincial de San Martin. Do mesmo modo, os recursos financeiros e de tempo estavam disponíveis para levar a cabo o desenvolvimento

17

dos objectivos.

2.1 Operacionalização das variáveis

2.1.1 Variável independente

A variável independente foi a gestão ambiental, segundo a (Ley General del Ambiente, 2017) "é um processo permanente, constituído por um conjunto de normas técnicas, processos e actividades, destinado a gerir os recursos relacionados com a poKtics ambiental, para uma melhor qualidade de vida e desenvolvimento integral da população, através da conservação do património natural do país".

A gestão ambiental, segundo a (Comisión Multisectorial, 2012) centra-se em quatro eixos estratégicos: governação, melhoria da qualidade de vida, utilização dos recursos naturais e património natural saudável.

2.1.2 Variável Dependente

A variável dependente foi a auditoria ambiental, segundo o (Organismo de Evaluacion y Fiscalizacion Ambiental, 2018) "é a acção de controlo levada a cabo por uma entidade pública para verificar o cumprimento das obrigações ambientais". As acções de auditoria ambiental consistem em poderes de avaliação, supervisão e sanção.

2.2 Matriz de operacionalização de variáveis.

VARIÁVEL INDEPENDENTE	DEFINIÇÃO CONCEPTUAL	DEFINIÇÃO OPERACIONAL	DIMENSÃO	INDICADORES
Gestão ambiental	A gestão ambiental é um processo contínuo processo em curso e continuum, que consiste no conjunto de princípios, normas técnicas, processos e actividades, orientado para gerir os interesses e recursos relacionados com a política ambiental e assim conseguir uma melhor qualidade de vida e um desenvolvimento integral da população, através de conservação do património natural do país (Lei Geral do Ambiente, 2017).	A gestão ambiental centra-se em sobre quatro eixos estratégico: o governação, melhoria da qualidade de vida, o a utilização de o recursos naturais e Patrimonionatural (Comissão Multisectorial, 2012)	Governação	Acesso à justiça ambiental
				Desempenho da regulamentação ambiental
				Gerar informação ambiental sistemática e integrada para a tomada de decisões.
				Reforçar a educação ambiental
				Desenvolvimento de capacidades ambientais e profissionalização
			Qualidade de vida com um ambiente saudável	Assegurar um ambiente saudável (água, ar, solo, resíduos sólidos)
			Utilização dos recursos naturais	Promoção de investimentos sustentáveis
				Gestão territorial
				Actividades produtivas e desenvolvimento com inclusão social
			Património natural saudável	Estratégias de desenvolvimento
				Utilização sustentável da diversidade biológica

Elaboração: Própria

Matriz de operacionalização de variáveis (Cont.)

VARIÁVEL DEPENDENTE	DEFINIÇÃO CONCEPTUAL	DEFINIÇÃO OPERACIONAL	DIMENSÃO	INDICADORES
Monitorização ambiental	A auditoria ambiental é a acção de controlo realizada por uma entidade pública para verificar o cumprimento das obrigações ambientais (Organismo de Avaliação e Fiscalização Ambiental, 2018).	As acções de controlo ambiental são poderes de avaliação, supervisão e sanção (Organismo de Avaliação e Fiscalizacionismo Ambiental, 2018).	Avaliação	Monitorização da qualidade ambiental
				Provas técnicas
				Determinantes da qualidade ambiental
			Supervisão	Cumprimento das obrigações ambientais
				Protecção ambiental
			Poderes sancionadores	Investigação de possíveis infracções administrativas
				Medidas correctivas
				Salvaguardas e direitos dos administradores

Elaboração: Própria

CAPÍTULO III

METODOLOGIA DE INVESTIGAÇÃO
3.1 Desenho Metodológico

O presente estudo teve uma abordagem quantitativa, não experimental, descritiva e correlativa; tendo em conta que a informação foi recolhida de forma directa e fiável na realidade onde é apresentada, ou seja, a fonte foi os funcionários da Municipalidade Provincial de San Marth, desta forma o fenómeno foi observado no seu contexto objectivo, sem influenciar ou manipular variáveis.

3.2 Desenho de amostragens

3.2.1 População

A população consistia em 233 funcionários públicos do Município Provincial de San Marth, de acordo com a tabela de afectação de pessoal do Município Provincial de San Marth (Município Provincial de San Marth, 2020).

3.2.2 Amostra

A amostra da presente investigação foi representada por um subconjunto da população exposta acima, pelo que foi necessário aplicar a seguinte fórmula para determinar a amostra:

$$n = \frac{Z^2(p)(q)(N)}{E^2(N-1) + Z^2(p)(q)}$$

N = 233 empregados da Câmara Municipal Provincial de San Martm

p =0,08 probabilidade de os servidores considerarem eficiente a aplicação da lei ambiental.

q=0,92 probabilidade de os servidores considerarem que a auditoria ambiental não é eficiente.

a=0,05 Nível de significância a 95% nível de confiança

Z=1,96 Valor do Normal a 95% de confiança

E=0,05 Erro

A substituição dos dados na equação que temos:

$$n = \frac{1,96^2(0,08)(0,92)(233)}{(0,5^2)(233-1)+(1,96^2)(0,08)(0,92)}=76$$

Uma vez realizada a amostragem de probabilidade, estimou-se que a amostra estava representada por 76 funcionários públicos da Municipalidade Provincial de San Marth.

3.3 Técnicas de recolha de dados

A técnica de recolha de dados é entendida como os instrumentos utilizados para obter as informações necessárias para responder aos objectivos da investigação. Para efeitos desta investigação, a técnica utilizada foi o inquérito, através de um questionário dirigido aos funcionários públicos do Município Provincial de San Martm.

O questionário consistiu em dezanove (19) perguntas, uma para cada indicador proposto na matriz de operacionalização, e as respostas foram avaliadas utilizando uma escala Likert. A primeira parte do questionário procurou analisar a variável de gestão ambiental com a escala (nunca, quase nunca, por vezes, quase sempre, sempre). A segunda parte do questionário contém perguntas sobre a aplicação ambiental, e foi avaliada numa escala de (muito pobre, pobre, justa, eficiente, eficiente, muito eficiente). O instrumento foi validado utilizando a técnica de julgamento por peritos.

A fiabilidade do instrumento foi avaliada utilizando o alfa de Cronbach, que, segundo (George & Mallery, 2020), é uma regra geral que se aplica à maioria das situações:

α> 0.9 — excelente   α> 0.6 — cuestionable

α> 0.8 — bueno   α> 0.5 — pobre

α> 0.7 — aceptable   α < 0.5 — inaceptable

0,9 - excelente

0.8 - bom

0,7 - aceitável

22

0,6 - questionável
0,5 - pobre
0,5 - inaceitável

Uma vez aplicado o alfa de Cronbach, foi determinado um valor de 0,941, como mostra a tabela 2, indicando que o instrumento é excelente.

Quadro 1 - Resumo do tratamento dos casos

		N	%
Válido			100,0
Casos	Excludeda	0	,0
Total			100,0

a. A eliminação por lista é baseada em todas as variáveis do procedimento.

Fonte: Questionário aplicado aos funcionários públicos do Município Provincial de San Martin
Elaboración: Propia

Quadro 2- Estatísticas de fiabilidade do questionário

Alfa deN Cronbach	de elementos
,941	19

Fonte: Questionário aplicado aos funcionários públicos do Município Provincial de San Martin
Elaboración: Propia

3.4 Técnicas de Gestão e Estatística para Processamento de Informação

O processamento da informação foi realizado utilizando as técnicas de gestão e estatísticas do software estatístico SPSS versão 26. Para este efeito, foi criada uma base de dados, que permitiu o processamento da informação obtida através da aplicação dos questionários aos servidores da Câmara Municipal Provincial de San Marth. Posteriormente, os resultados foram analisados de forma descritiva, e a influência das variáveis umas nas outras foi determinada utilizando as técnicas de correlação do software estatístico SPSS versão 26.

3.5 Aspectos éticos

Na presente investigação, foram respeitados os princípios e critérios éticos estabelecidos no "Manual para a elaboração de teses e trabalhos de investigação para obtenção dos graus académicos de Mestre e Doutor"; da mesma forma, foi respeitada a autoria das fontes de informação consultadas, utilizando as normas actuais da APA, de modo a que a escrita científica deste estudo cumpra o rigor exigido pela ciência.

CAPÍTULO IV
RESULTADOS E PROPOSTA DE VALOR
4.1.- Gestão ambiental.
Seguem-se os resultados correspondentes à gestão ambiental e suas dimensões, de acordo com os servidores do Município Provincial de San José. Marth.

4.1.1. - Governação na gestão ambiental.
Em seguida, são apresentados os resultados relativos à governação no que diz respeito à gestão ambiental.

4.1.1.1.   - Fácil acesso à justiça ambiental no município.
A Tabela 1 e a Figura 1 mostram que, para 5,3% e 42,1% dos funcionários do Município Provincial de San Martm, o acesso à justiça ambiental nunca e quase nunca é facilitado no Município, respectivamente.

Do mesmo modo, 44,7% indicou que o acesso à justiça ambiental é por vezes facilitado, enquanto 7,9% afirmou que o acesso é quase sempre facilitado.

Quadro 1 Acesso fácil à justiça ambiental no município

Valor qualitativo	Frequência	Percentagem	Percentagem acumulada
Nunca		5,3	5,3
Quase nunca		42,1	47,4
Por vezes		44,7	92,1
A maior parte das vezes		7,9	100,0
Total		100,0	

Fonte: Questionário aplicado aos funcionários públicos da Câmara Municipal.
Provincial de San Martin
Elaboração: Própria

24

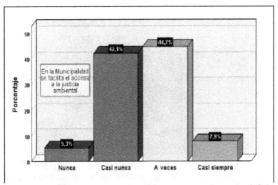

Figura 1 Facilitar o acesso à justiça ambiental no município
Fonte: Questionário aplicado aos funcionários públicos do Município Provincial de San Martin.
Elaboração: Própria

4.1.1.2.   - Desempenho da   regulamentação ambiental, tal como avaliado pelo

município.

Foi encontrado na Tabela 2 e na Figura 2 que, para 5,3% e 39,5% dos funcionários

públicos entrevistados, o município nunca e quase nunca avalia o desempenho da

regulamentação ambiental. Para 44,7% dos funcionários públicos, o município por

vezes avalia o desempenho, contudo, apenas 10,5% indicou que o município quase

sempre avalia o desempenho da regulamentação ambiental.

Quadro **2 Desempenho da regulamentação ambiental, tal como avaliado pelo município**

Valor qualitativo	Frequência	Percentagem	Percentagem acumulada
Nunca		5,3	5,3
Quase nunca	30	39,5	44,8
Por vezes		44,7	89,5
A maior parte das vezes	8	10,5	100,0
Total		100,0	

Fonte: Questionário aplicado aos funcionários públicos da Câmara Municipal.
Provincial de San Martin
Elaboração: Própria

25

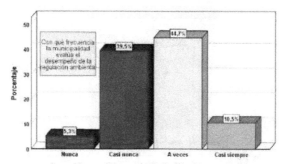

Figura 2 Desempenho da regulamentação ambiental, tal como avaliado pelo município
Fonte: Questionário aplicado aos funcionários públicos do Município Provincial de San Martin.
Elaboração: Própria

4.1.1.3. - *Informação ambiental gerada pelo município para a tomada de*

decisões.

Para 10,5% e 44,8% dos funcionários públicos inquiridos, o município nunca e quase

nunca gera informação ambiental para a tomada de decisões. 42,1% indicou-o como

por vezes, enquanto apenas 2,6% indicou que o município gera sempre informação

ambiental para a tomada de decisões.

Quadro 3 Informação ambiental gerada pelo município para a tomada de decisões

Valor qualitativo	Frequência	Percentagem	Percentagem acumulada
Nunca	8	10,5	10,5
Quase nunca		44,8	55,3
Por vezes		42,1	97,4
Sempre		2,6	100,0
Total		100,0	

Fonte: Questionário aplicado aos funcionários públicos da Câmara Municipal.
Provincial de San Martin
Elaboração: Própria

26

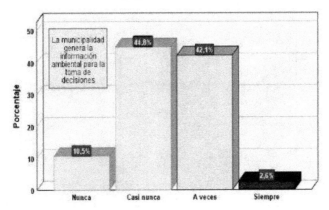

Figura 3 Informação ambiental gerada pelo município para a tomada de decisões
Fonte: Questionário aplicado aos funcionários públicos do Município Provincial de San Martin.
Elaboração: Própria

4.1.1.4.   - Acções tomadas pelo município para reforçar a educação ambiental.

Pode ser visto no Quadro 4 e na Figura 4 que, para 10,5% e 44,8% dos inquiridos, o

município nunca e quase nunca, respectivamente, toma medidas para reforçar a

educação ambiental. Também se pode observar que 34,2% indicou que por vezes,

enquanto para apenas 10,5% dos inquiridos, o município quase sempre toma

medidas.

Quadro 4 Acções tomadas pelo município para reforçar a educação ambiental

Valor qualitativo	Frequência	Percentagem	Percentagem acumulada
Nunca	8	10,5	10,5
Quase nunca		44,8	55,3
Por vezes	26	34,2	89,5
A maior parte das vezes	8	10,5	100,0
Total		100,0	

Fonte: Questionário aplicado aos funcionários públicos da Câmara Municipal.
Provincial de San Martin
Elaboração: Própria

27

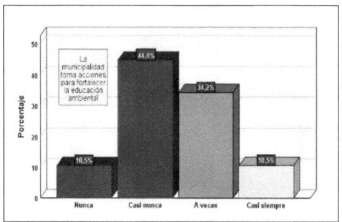

Figura 4 Acções tomadas pelo município para reforçar a educação ambiental
Fonte: Questionário aplicado aos funcionários públicos do Município Provincial de San Martin
Elaboración: Propia

4.1.1.5.   - Formação do pessoal do município em gestão ambiental.

O Quadro 5 e a Figura 5 mostram que, para 5,3% e 36,8% dos inquiridos, o município nunca e quase nunca forma pessoal em gestão ambiental.
De acordo com 55,3%, o município por vezes forma pessoal, contudo, apenas 2,6% disse que o município quase sempre forma pessoal.

Quadro 5 Formação municipal do pessoal em gestão ambiental

Valor qualitativo	Frequência	Percentagem	Percentagem acumulada
Nunca		5,3	5,3
Quase nunca		36,8	42,1
Por vezes	42	55,3	97,4
A maior parte das vezes		2,6	100,0
Total		100,0	

Fonte: Questionário aplicado aos funcionários públicos da Câmara Municipal.
Provincial de San Martin
Elaboração: Própria

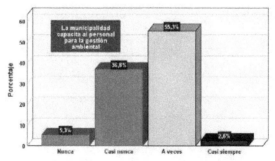

Figura 5 Formação do pessoal da Câmara Municipal em gestão ambiental
Fonte: Questionário aplicado aos funcionários públicos do Município Provincial de San Martin
Elaboración: Propia

4.1.1.6.   - Resumo descritivo da governação na gestão ambiental.

No resumo descritivo que se segue, pode observar-se que, para 5,3% e 44,7% dos funcionários públicos do município provincial de San Martin, a governação nunca e quase nunca é observada no município. No entanto, apenas 2,6% indicaram que a governação é quase sempre observada no município. Estes resultados são apresentados abaixo na Tabela 6 e na Figura 6:

Quadro 6 Resumo descritivo da governação na gestão ambiental

Valor qualitativo	Frequência	Percentagem	Percentagem acumulada
Nunca	5,3	5,3	
Quase nunca	44,7	50,0	
Por vezes	47,4	97,4	
A maior parte das vezes	2,6	100,0	
Total		100,0	

Fonte: Questionário aplicado aos funcionários públicos da Câmara Municipal. Provincial de San Martin
Elaboração: Própria

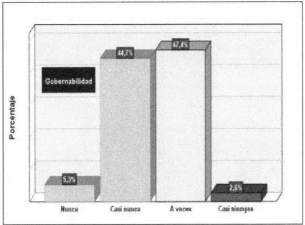

Figura 6 Resumo descritivo da governação na gestão ambiental Fonte: Questionário aplicado aos funcionários públicos do Município Provincial de San Martin.
Elaboração: Própria

29

Consequentemente, são apresentados os resultados relativos à qualidade de vida com um ambiente saudável no que diz respeito à gestão ambiental.

1.1.1.1.   - Medidas tomadas pelo município para assegurar um ambiente saudável (água, ar, solo, resíduos sólidos).

O quadro 7 e a figura 7 mostram que para 10,5% e 42,1% dos inquiridos, o município nunca e quase nunca toma medidas para assegurar um ambiente saudável (água, ar, solo, resíduos sólidos). 39,5% também afirmou que por vezes o município toma medidas, enquanto que para 7,9% o município toma quase sempre medidas para assegurar um ambiente saudável.

Quadro 7 Medidas tomadas pelo municipio para garantir um ambiente saudável

Valor qualitativo	Frequência	Percentagem	Percentagem acumulada
Nunca	8	10,5	10,5
Quase nunca		42,1	52,6
Por vezes	30	39,5	92,1
A maior parte das vezes		7,9	100,0
Total		100,0	

Fonte: Questionário aplicado aos funcionários públicos da Câmara Municipal. Provincial de San Martin
Elaboração: Própria

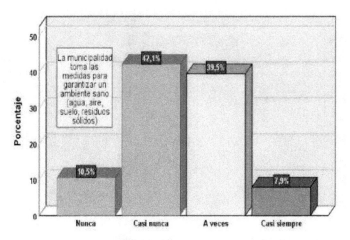

Figura 7 Medidas tomadas pelo município para assegurar um ambiente saudável
Fonte: Questionário aplicado aos funcionários públicos do Município Provincial de San Martin.
Elaboração: Própria

4.1.3. - Utilização de recursos naturais.

Os resultados correspondentes à utilização dos recursos naturais no que diz respeito

à gestão ambiental são apresentados a seguir.

4.1.3.1.   - Investimento sustentável promovido pelo município.

A Tabela 8 e a Figura 8 mostram que, para 7,9% e 57,9% dos empregados, o

município nunca e quase nunca promove adequadamente o investimento

sustentável. Para 31,6% por vezes o município promove, enquanto para 2,6% quase

sempre o município promove o investimento sustentável de forma adequada.

Quadro 8 Investimento sustentável promovido pelo município

Valor qualitativo	Frequência	Percentagem	Percentagem acumulada
Nunca		7,9	7,9
Quase nunca		57,9	65,8
Por vezes		31,6	97,4
A maior parte das vezes		2,6	100,0
Total		100,0	

Fonte: Questionário aplicado aos funcionários públicos da Câmara Municipal.
Provincial de San Martin
Elaboração: Própria

31

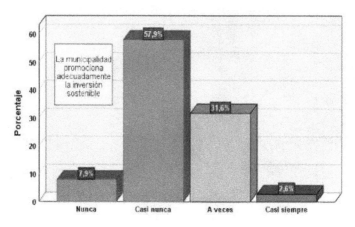

Figura 8 Investimento sustentável promovido pelo município
Fonte: Questionário aplicado aos funcionários públicos do Município Provincial de San Martin
Elaboración: Propia

4.1.3.2.   - Recursos naturais utilizados pelo município.
A Tabela 9 e a Figura 9 mostram que, para 10,5% e 42,1% dos servidores, o município nunca e quase nunca, respectivamente, gere o seu território.
fazendo uso dos recursos naturais. 39,5% indicou-o como por vezes, enquanto para apenas 7,9% o município gere quase sempre o seu território fazendo uso dos recursos naturais.

Quadro 9 Recursos naturais explorados pelo município

Valor qualitativo	Frequência	Percentagem	Percentagem acumulada
Nunca	8	10,5	10,5
Quase nunca		42,1	52,6
Por vezes	30	39,5	92,1
A maior parte das vezes		7,9	100,0
Total		100,0	

Fonte: Questionário aplicado aos funcionários públicos da Câmara Municipal.
Provincial de San Martin
Elaboração: Própria

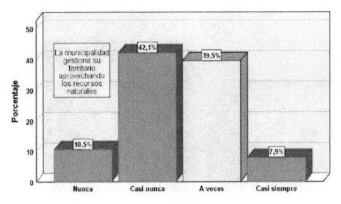

Figura 9 Recursos naturais utilizados pelo município
Fonte: Questionário aplicado aos funcionários públicos do Município Provincial de San Martin.
Elaboração: Própria

4.1.3.3.   - Desenvolvimento de actividades produtivas socialmente inclusivas,

tirando partido dos recursos naturais.

Pode ver-se na Tabela 10 e na Figura 10 que, para 23,7% e 34,2% dos

entrevistados, o município nunca e quase nunca desenvolve actividades produtivas

de inclusão social, aproveitando os recursos naturais. Da mesma forma, 42,1%

indicou que, por vezes, o município desenvolve actividades produtivas.

Quadro 10 Desenvolvimento de actividades produtivas de inclusão social   _tirar partido dos_
recursos naturais

Valor qualitativo	Frequência	Percentagem	Percentagem acumulada
Nunca		23,7	23,7
Quase nunca	26	34,2	57,9
Por vezes		42,1	100,0
Total		100,0	

Fonte: Questionário aplicado aos funcionários públicos do Município Provincial de San Martin.
Elaborado por: Próprio

33

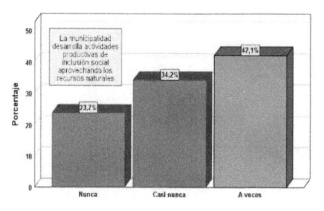

Figura 10 Desenvolvimento de actividades produtivas socialmente inclusivas tirando partido dos recursos naturais
Fonte: Questionário aplicado aos funcionários públicos do Município Provincial de San Martin.
Elaborado por: Próprio

4.1.3.4. - Resumo descritivo da utilização de recursos naturais.

Foi encontrado na Tabela 11 e na Figura 11 que para 7,9% e 44,7% dos empregados do Município Provincial de San Martm, o município nunca e quase nunca utiliza recursos naturais. Por outro lado, 47,4% indicou que por vezes o município utiliza estes recursos.

Quadro 11 Resumo descritivo da utilização dos recursos naturais

Valor qualitativo	Frequência Percentagem	Percentagem acumulada
Nunca	7,9	7,9
Quase nunca	44,7	52,6
Por vezes	47,4	100,0
Total	100,0	

Fonte: Questionário aplicado aos funcionários públicos da Câmara Municipal.
Provincial de San Martin
Elaboração: Própria

34

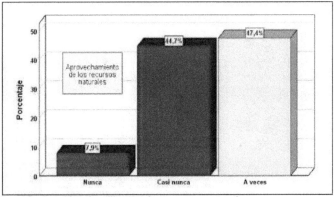

Figura 11 Resumo descritivo da utilização dos recursos naturais
Fonte: Questionário aplicado aos funcionários públicos do Município Provincial de San Martin.
Elaboração: Própria

4.1.4. - Património natural saudável na gestão ambiental.

Os resultados relativos ao património natural saudável no que diz respeito à gestão ambiental são apresentados abaixo.

4.1.4.1. - Estratégias de desenvolvimento do município que contribuam para a conservação do património natural.

O Quadro 12 e a Figura 12 mostram que, para 18,4% e 31,6% dos inquiridos, as estratégias de desenvolvimento do município nunca e quase nunca contribuem para a conservação do património natural. Por outro lado, 50% afirmaram que o município contribui por vezes para a conservação do património natural.

Quadro 12 Estratégias de desenvolvimento do município que contribuem para a conservação do património natural

Valor qualitativo	Frequência	Percentagem	Percentagem acumulada
Nunca	18,4		18,4
Quase nunca	31,6		50,0
Por vezes	50,0		100,0
Total		100,0	

Fonte: Questionário aplicado aos funcionários públicos da Câmara Municipal.
Provincial de San Martin
Elaboração: Própria

35

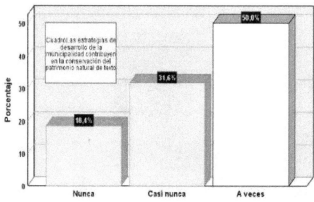

Figura 12 Estratégias de desenvolvimento do município que contribuem para a conservação do património natural
Fonte: Questionário aplicado aos funcionários públicos do Município Provincial de San Martin.
Elaboração: Própria

4.1.4.2.   - Gestão ambiental e utilização sustentável da diversidade biológica para conservar um património natural saudável.

O Quadro 13 e a Figura 13 mostram que, para 15,8% e 26,3% dos inquiridos, a gestão ambiental nunca e quase nunca faz uma utilização sustentável da diversidade biológica para conservar um património natural saudável, respectivamente. De acordo com 52,6%, por vezes faz uma utilização sustentável, enquanto que para apenas 5,3% faz quase sempre uma utilização sustentável.

Quadro 13 Gestão ambiental e sua utilização sustentável da diversidade biológica para a conservação de um património natural saudável

Valor qualitativo	Frequência	Percentagem	Percentagem acumulada
Nunca		15,8	15,8
Quase nunca		26,3	42,1
Por vezes		52,6	94,7
A maior parte das vezes		5,3	100,0
Total		100,0	

Fonte: Questionário aplicado aos funcionários públicos da Câmara Municipal.
Provincial de San Martin
Elaboração: Própria

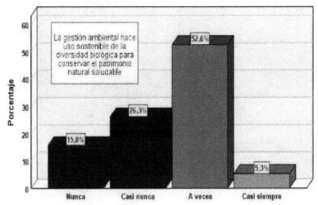

Figura 13 Gestão ambiental e sua utilização sustentável da diversidade biológica para a conservação de um património natural saudável
Fonte: Questionário aplicado aos funcionários públicos do Município Provincial de San Martin.
Elaboração: Própria

4.1.4.3.   - Resumo descritivo de um património natural saudável.

O resumo descritivo seguinte mostra que, para 13,2% e 26,3% dos funcionários do

Município Provincial de San Martm, o município nunca e quase nunca contribui para

a conservação de um património natural saudável. 55,2% indicou que por vezes

contribui, enquanto 5,3% afirmou que quase sempre contribui para a conservação de

um património natural saudável.

Valor qualitativo	Frequência	Percentagem	Percentagem acumulada
Nunca	10	13,2	13,2
Quase nunca		26,3	39,5
Por vezes	42	55,2	94,7
A maior parte das vezes		5,3	100,0
Total		100,0	

Quadro 14 Resumo descritivo do património natural saudável

Fonte: Questionário aplicado aos funcionários públicos da Câmara Municipal.
Provincial de San Martin
Elaboração: Própria

37

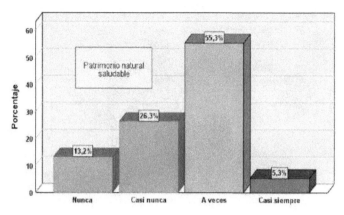

Figura 14 Resumo descritivo de um património natural saudável
Fonte: Questionário aplicado aos funcionários da Câmara Municipal Provincial de São José.
Martin
Elaboração: Própria

4.1.5. - Panorâmica geral da gestão ambiental.

Em geral, verificou-se na Tabela 15 e na Figura 15 que para 5,3% e 36,8% dos funcionários do Município Provincial de San Martm, o município nunca e quase nunca efectua uma gestão ambiental adequada. Entretanto, 57,9% declararam que por vezes levam a cabo uma gestão ambiental adequada.

Quadro 15 Resumo geral da gestão ambiental

Valor qualitativo	Frequência	Percentagem	Percentagem acumulada
Nunca		5,3	5,3
Quase nunca		36,8	42,1
Por vezes		57,9	100,0
Total		100,0	

Fonte: Questionário aplicado aos funcionários públicos da Câmara Municipal.
Provincial de San Martin
Elaboração: Própria

38

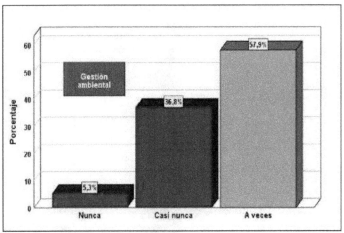

Figura 15 Panorâmica geral da gestão ambiental
Fonte: Questionário aplicado aos funcionários da Câmara Municipal Provincial de São José.
Martin
Elaboração: Própria

O Quadro 16 e a Figura 16 mostram a média global da gestão ambiental e as suas

dimensões, com uma média global de 2,4 (quase nunca), indicando a má gestão

ambiental pela Municipalidade Provincial de San Martin.

Quadro 16 Média geral da gestão ambiental

Governação	2,5	Por vezes
Qualidade de vida com um ambiente saudável	2,4	Quase nunca
Utilização dos recursos naturais	2,3	Quase nunca
Patrimônio natural saudável	2,4	Quase nunca
Gestão ambiental	**2,4**	**Quase nunca**

Fonte: Questionário aplicado aos funcionários públicos da Câmara Municipal.
Provincial de San Martin
Elaboração: Própria

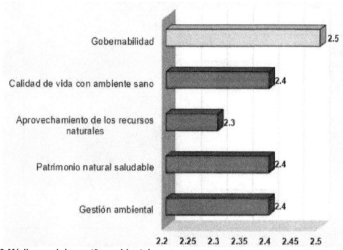

Figura 16 Média geral da gestão ambiental
Fonte: Questionário aplicado aos funcionários públicos do Município Provincial de San Martin
Elaboração: Próprio

4.2.- Monitorização ambiental.

Os resultados das auditorias ambientais e as suas dimensões são os seguintes, de

acordo com os funcionários da Municipalidade Provincial de San Marth.

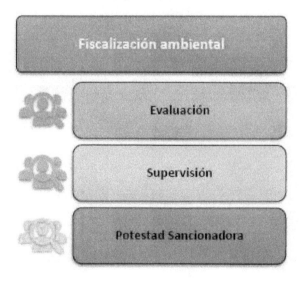

Consequentemente, são apresentados os resultados da avaliação ambiental no que diz respeito à auditoria ambiental.

4.2.1.1.   - Controlo da qualidade ambiental do município.

A Tabela 17 e a Figura 17 mostram que, para 13,2% e 36,8% dos funcionários do Município Provincial de San Martin, o controlo da qualidade ambiental do município é entre muito deficiente e deficiente, respectivamente. 39,5% afirmaram que a monitorização é realizada regularmente, mas apenas 10,5% afirmaram que é realizada de forma eficiente.

Quadro 17 Controlo da qualidade ambiental no município

Valor qualitativo	Frequência	Percentagem	Percentagem acumulada
Muito pobre	10	13,2	13,2
Deficiente		36,8	50,0
Regular	30	39,5	89,5
Eficiente	8	10,5	100,0
Total		100,0	

Fonte: Questionário aplicado aos funcionários públicos do Município Provincial de San Martin.
Elaboração: Própria

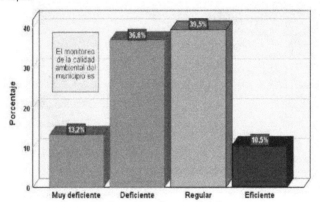

Figura 17 Monitorização da qualidade ambiental no município
Fonte: Questionário aplicado aos funcionários públicos do Município Provincial de San Martin.
Elaborado por: Próprio

O quadro 18 mostra que, para 10,5% e 47,4% dos funcionários públicos entrevistados, as provas técnicas na auditoria ambiental são muito deficientes e deficientes, respectivamente. Do mesmo modo, 36,8% indicaram-no como regular, enquanto apenas 5,3% afirmaram que as provas técnicas em auditoria ambiental são eficientes.

Quadro 18 Dados técnicos em auditoria ambiental

Valor qualitativo	Frequência	Percentagem	Percentagem acumulada
Muito pobre	8	10,5	10,5
Deficiente		47,4	57,9
Regular		36,8	94,7
Eficiente		5,3	100,0
Total		100,0	

Fonte: Questionário aplicado aos funcionários públicos do Município Provincial de San Martin.
Elaborado por: Próprio

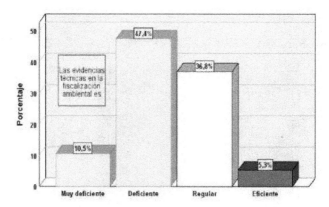

Figura 18 Prova técnica em auditoria ambiental
Fonte: Questionário aplicado aos funcionários públicos do Município Provincial de San Martin.
Elaborado por: Próprio

4.2.1.3.- Identificação dos factores que influenciam a qualidade do ambiente.
Para 13,2% e 36,8% dos inquiridos, a identificação dos factores que influenciam a qualidade do ambiente é muito pobre e pobre, respectivamente, e 47,4% indicou que é justo. Por outro lado, apenas 2,6% indicaram que a identificação dos factores que influenciam a qualidade do ambiente é eficiente.

Estes resultados são mostrados no quadro 19 e na figura 19.

Quadro 19 Identificação dos factores que influenciam a qualidade do ambiente.

Valor qualitativo	Frequência	Percentagem	Percentagem acumulado
Muito pobre		13,2	13,2
Deficiente		36,8	50,0
Regular		47,4	97,4
Eficiente		2,6	100,0
Total		100,0	

Fonte: Questionário aplicado aos funcionários públicos do Município Provincial de San Martin.

Elaboração: Própria

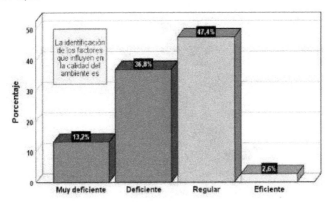

Figura 19 Identificação dos factores que influenciam a qualidade do ambiente Fonte:
Questionário aplicado aos funcionários da Municipalidade Provincial de San Martin.
Elaboração: Própria

4.2.1.4.- Resumo descritivo da avaliação ambiental.

Em resumo, para 7,9% e 47,4% dos funcionários do Município Provincial de San

Martin, a avaliação ambiental é realizada de forma muito deficiente e deficiente,

respectivamente. 39,4% indicaram que a avaliação ambiental é realizada de forma

regular, enquanto apenas 5,3% dos entrevistados indicaram que o município realiza

a avaliação ambiental de forma eficiente.

Quadro 20 Resumo descritivo da avaliação ambiental

Valor qualitativo	Frequência	Percentagem	Percentagem acumulada
Muito pobre		7,9	7,9
Deficiente		47,4	55,3
Regular	30	39,4	94,7
Eficiente		5,3	100,0
Total		100,0	

Fonte: Questionário aplicado aos funcionários públicos da Câmara Municipal.
Provincial de San Martin
Elaboração: Própria

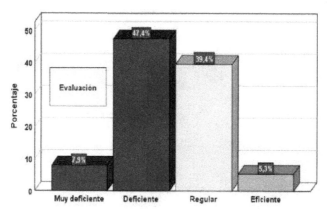

Figura 20 Resumo descritivo da avaliação ambiental
Fonte: Questionário aplicado aos funcionários públicos do Município Provincial de San Martin.
Elaboração: Própria

Os resultados da supervisão ambiental no que respeita à auditoria ambiental são

apresentados abaixo.

4.2.2.1.1.1.- Cumprimento das obrigações ambientais no processo de auditoria.

O Quadro 21 e a Figura 21 mostram que, para 18,4% e 50% dos entrevistados, o cumprimento das obrigações ambientais no processo de auditoria é muito pobre e pobre, respectivamente. 31,6% indicaram também que o cumprimento das obrigações ambientais no processo de auditoria é regular.

Quadro 21 *Cumprimento das obrigações ambientais no processo de auditoria*

Valor qualitativo	Frequência Percentagem	Percentagem acumulada
Muito pobre	18,4	18,4
Deficiente	50,0	68,4
Regular	31,6	100,0
Total	100,0	

Fonte: Questionário aplicado aos funcionários públicos da Câmara Municipal.
Provincial de San Martin
Elaboração: Própria

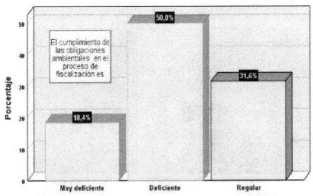

Figura 21 Cumprimento das obrigações ambientais no processo de auditoria Fonte:
Questionário aplicado aos funcionários públicos do Município Provincial de San Martin Elaborado:
Próprio
município.

O Quadro 22 e a Figura 22 mostram que 10,5% e 23,7% dos funcionários públicos

inquiridos disseram que a supervisão da protecção ambiental no município é muito

deficiente e deficiente, respectivamente. Observa-se também que, para 55,3%, a

supervisão é realizada de forma regular, contudo, apenas 7,9% e 2,6% afirmaram

que é realizada de forma muito eficiente e eficiente, respectivamente.

Quadro 22 Desenvolvimento da supervisão na protecção ambiental no município __município__

Valor qualitativo	Frequência	Percentagem	Percentagem acumulada
Muito pobre	8	10,5	10,5
Deficiente		23,7	34,2
Regular	42	55,3	89,5
Eficiente		7,9	97,4
Altamente eficiente		2,6	100,0
Total		100,0	

Fonte: Questionário aplicado aos funcionários públicos do Município Provincial de San Martin.
Elaboração: Própria

45

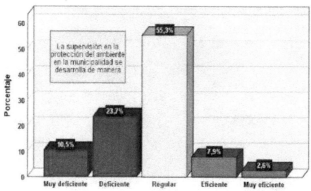

Figura 22 Desenvolvimento da monitorização da protecção ambiental no município
Fonte: Questionário aplicado aos funcionários públicos do Município Provincial de San Martin.
Elaboração: Própria

4.2.2.3.- Resumo descritivo da supervisão ambiental.

O Quadro 23 e a Figura 23 mostram que, para 7,9% e 26,3% dos funcionários

públicos do Município Provincial de San Martin, a supervisão ambiental é efectuada

de forma muito deficiente e deficiente, respectivamente. 57,9% disseram que é

realizada regularmente, enquanto apenas 7,9% dos funcionários públicos disseram

que o município realiza a supervisão ambiental de forma eficiente.

Quadro 23 Resumo descritivo da monitorização ambiental

Valor qualitativo	Frequência	Percentagem	Percentagem acumulada
Muito pobre		7,9	7,9
Deficiente		26,3	34,2
Regular	44	57,9	92,1
Eficiente		7,9	100,0
Total		100,0	

Fonte: Questionário aplicado aos funcionários públicos da Câmara Municipal.
Provincial de San Martin
Elaboração: Própria

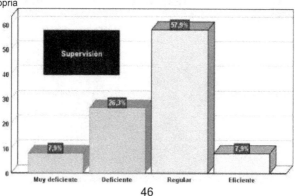

46

Figura 23 Resumo descritivo da monitorização ambiental
Fonte: Questionário aplicado aos funcionários públicos do Município Provincial de San Martin.
Elaboração: Própria

A seguir, apresentamos os resultados relativos ao poder sancionatório ambiental no

que diz respeito à auditoria ambiental.

4.2.3.1.   - Estudo de possíveis infracções administrativas a nível ambiental.

O Quadro 24 e a Figura 24 mostram que, para 26,3% e 55,3% dos entrevistados, o

estudo de possíveis infracções administrativas a nível ambiental é muito deficiente e

deficiente, respectivamente. 15,8% indicaram que é regular, enquanto apenas 2,6%

indicaram que é eficiente.

Quadro 24 Estudo de possíveis infracções administrativas a nível ambiental

Valor qualitativo	Frequência	Percentagem	Percentagem acumulada
Muito pobre		26,3	26,3
Deficiente	42	55,3	81,6
Regular		15,8	97,4
Eficiente		2,6	100,0
Total		100,0	

Fonte: Questionário aplicado aos funcionários públicos da Câmara Municipal.
Provincial de San Martin
Elaboração: Própria

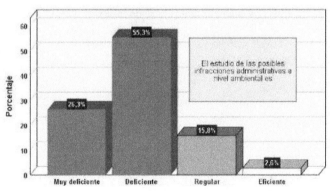

Figura 24 Estudo de possíveis infracções administrativas a nível ambiental Fonte: Questionário
aplicado a funcionários públicos do Município Provincial de San Martin.
Elaboração: Própria

*4.2.3.2.   - Implementação de medidas correctivas de acordo com a auditoria
ambiental.*
O Quadro 25 e a Figura 25 mostram que, para 10,5% e 47,4% dos inquiridos, a

implementação de medidas correctivas de acordo com a auditoria ambiental é entre

muito pobre e pobre, respectivamente. 39,5% indicaram que é justo, enquanto que

para 2,6% a implementação de medidas correctivas de acordo com a auditoria

47

ambiental é eficiente.

Quadro 25 Implementação de medidas correctivas de acordo com a auditoria ambiental

Valor qualitativo	Frequência	Percentagem	Percentagem acumulada
Muito pobre	8	10,5	10,5
Deficiente		47,4	57,9
Regular	30	39,5	97,4
Eficiente		2,6	100,0
Total		100,0	

Fonte: Questionário aplicado aos funcionários públicos da Câmara Municipal.
Provincial de San Martin
Elaboração: Própria

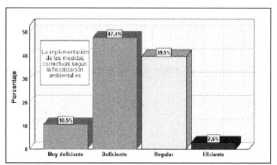

Figura 25 Implementação de medidas correctivas de acordo com auditorias ambientais
Fonte: Questionário aplicado aos funcionários públicos do Município Provincial de San Martin.
Elaboração: Própria

4.2.3.3.   - Garantia de auditoria ambiental, na lei do
administrado.
Foi encontrado no quadro 26 e na figura 26 que para 10,5% e 44,7% dos servidores
entrevistados,

48

controlo ambiental, garante o direito do povo a
A proporção daqueles que disseram que isto foi muito pobre e mal administrado,

respectivamente. Do mesmo modo, 31,6% expressaram-no regularmente, mas para

apenas 13,2%, o controlo ambiental garante o direito de uma forma eficiente.

Quadro *26 Garantia de auditoria ambiental, no direito do* administrado

Percentagem

Valor qualitativo	Frequência	Percentagem	acumulada
Muito pobre	8	10,5	10,5
Deficiente		44,7	55,3
Regular		31,6	86,8
Eficiente	10	13,2	100,0
Total		100,0	

Fonte: Questionário aplicado aos funcionários públicos do Município Provincial de San Martin
Elaboración: Propia

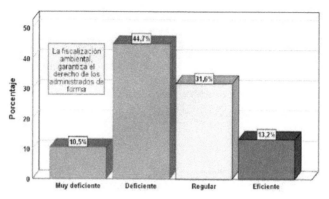

Figura 26 Garantia de auditoria ambiental, no direito do administrado
Fonte: Questionário aplicado aos funcionários públicos do Município Provincial de San Martin
Elaboração: Próprio

4.2.3.4. - *Resumo descritivo dos poderes sancionatórios ambientais.*

A Tabela 27 e a Figura 27 mostram que, para 15,8% e 55,3% dos funcionários

públicos do Município Provincial de San Martin, a autoridade sancionadora ambiental

é muito deficiente e deficiente, respectivamente. Para 26,3% é regular, enquanto

que para apenas 2,6% dos funcionários públicos, a autoridade sancionadora

ambiental é eficiente.

Quadro 27 Resumo descritivo dos poderes sancionatórios ambientais

Valor qualitativo	Frequência	Percentagem	Percentagem acumulada
Muito pobre		15,8	15,8
Deficiente	42	55,3	71,1
Regular		26,3	97,4
Eficiente		2,6	100,0
Total		100,0	

Fonte: Questionário aplicado aos funcionários públicos da Câmara Municipal.
Provincial de San Martin
Elaboração: Própria

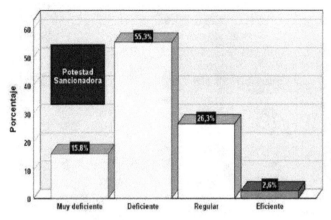

Figura 27 Resumo descritivo dos poderes sancionatórios ambientais
Fonte: Questionário aplicado aos funcionários públicos do Município Provincial de San Martin.
Elaboração: Própria

4.2.4.- Resumo geral da auditoria ambiental.

A Tabela 28 e a Figura 28 mostram que para 5,3% e 50% dos funcionários do Município Provincial de San Marth, a auditoria ambiental é realizada de forma muito deficiente e deficiente, respectivamente. 39,4% disseram que é realizada regularmente, enquanto apenas 5,3% dos funcionários públicos disseram que o município realiza auditorias ambientais de uma forma eficiente.

Quadro 28 Resumo geral das auditorias ambientais

Valor qualitativo	Frequência	Percentagem	Percentagem acumulada
Muito pobre		5,3	5,3
Deficiente		50,0	55,3
Regular	30	39,4	94,7
Eficiente		5,3	100,0
Total		100,0	

Fonte: Questionário aplicado aos funcionários públicos da Câmara Municipal.
Provincial de San Martin
Elaboração: Própria

51

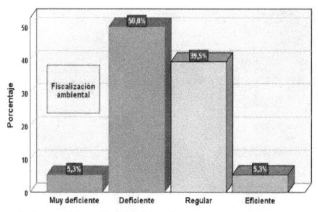

Figura 28 Panorâmica geral da auditoria ambiental
Fonte: Questionário aplicado aos funcionários públicos da Câmara Municipal Provincial de São Martinho
Elaboração: Própria

A Tabela 29 e a Figura 29 mostram a média geral da auditoria ambiental e as suas

dimensões, encontrando uma média geral de 2,4 (Deficiente), indicando a auditoria

deficiente pela Câmara Municipal Provincial de São José, e uma média geral de 2,4

(Deficiente), indicando a auditoria deficiente pela Câmara Municipal Provincial de

São José.

Martin.
Quadro 29 Média geral das auditorias ambientais

Avaliação	2,4	Deficiente
Supervisão	2,4	Deficiente
Poderes sancionadores	2,3	Deficiente
Monitorização ambiental	**2,4**	**Deficiente**

Fonte: Questionário aplicado aos funcionários públicos da Câmara Municipal.
Provincial de San Martin
Elaboração: Própria

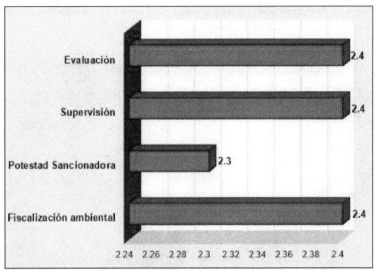

Figura 29 Média geral da auditoria ambiental
Fonte: Questionário aplicado aos funcionários públicos do Município Provincial de San Martin.
Elaboração: Própria

4.3.- Análise da gestão ambiental e da sua influência no controlo ambiental do Município Provincial de San Martin, 2021.

Na presente análise, verificou-se que, para 5,3% e 36,8% dos funcionários públicos do Município Provincial de San Martm, o município nunca e quase nunca leva a cabo uma gestão ambiental adequada. Da mesma forma, para 5,3% e 50% dos funcionários públicos, o controlo ambiental é muito deficiente e deficiente, respectivamente. Estes resultados são mostrados na tabela 30 e na figura 30 abaixo:

Quadro 30 Análise da gestão ambiental e da sua influência no controlo ambiental do Município Provincial de San Martin, 2021

		Monitorização ambiental				
		Muito pobre	Deficiente	Regular	Eficiente	Total
Gestão ambiental	Nunca	2,6%	2,6%	0,0%	0,0%	5,3%
	Quase nunca	2,6%	26,3%	7,9%	0,0%	36,8%
	Por vezes	0,0%	21,1%	31,5%	5,3%	57,9%
Total		5,3%	50,0%	39,4%	5,3%	100,0%

Fonte: Questionário aplicado aos funcionários públicos da Câmara Municipal Provincial de São Martinho
Elaboração: Própria

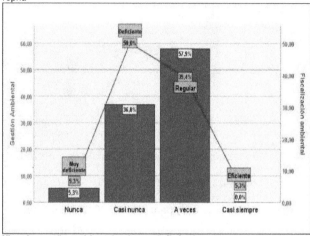

Figura 30 Análise da gestão ambiental e da sua influência no controlo ambiental do Município Provincial de San Martin, 2021
Fonte: Questionário aplicado aos funcionários públicos do Município Provincial de San Martin.
Elaborado por: Próprio

O quadro 31 mostra a associação entre a gestão ambiental e a auditoria ambiental do Município Provincial de San Martin 2021, onde o teste do qui-quadrado foi realizado, encontrando um valor $p = 0,000 < a = 0,05$, indicando que existe uma tal associação. Por conseguinte, afirma-se que a gestão ambiental está a influenciar a auditoria ambiental.

54

Quadro 31 Análise qui-quadrada da gestão ambiental e auditoria ambiental do <u>Município</u>
<u>Provincial de San Martin, 2021</u>

	Valor	df	Significação asintotica (bilateral)
O Qui-quadrado de Pearson	31,252[a]		,000
Razão de Probabilidade	26,868		,000
Linear por associação linear	20,751	1	,000
N de casos válidos			

a. 8 caixas (66,7%) esperaram uma contagem inferior a 5. A contagem mínima esperada é de .21.

Fonte: Questionário aplicado aos funcionários públicos do Município Provincial de San Martin
Elaboração: Próprio

4.3.1. - Gestão ambiental e a sua influência na avaliação da Câmara Municipal Provincial de San Martin, 2021.

Verificou-se na análise seguinte que, para 5,3% e 36,8% dos funcionários do Município Provincial de San Martin, o município nunca e quase nunca leva a cabo uma gestão ambiental adequada. Verificou-se também que, para 7,9% e 47,4% dos entrevistados, a avaliação ambiental é realizada de forma muito deficiente e deficiente, respectivamente. Estes resultados são apresentados no quadro 32 e na figura 31 abaixo:

Quadro 32 Gestão ambiental e a sua influência na avaliação da Câmara Municipal Provincial de San Martin, 2021

		Avaliação				Total
		Muito pobre	Deficiente	Regular	Eficiente	
	Nunca	2,6%	2,6%	0,0%	0,0%	5,3%
Gestão	Quase nunca	5,3%	26,3%	5,3%	0,0%	36,8%
ambiental	Por vezes	0,0%	18,4%	34,2%	5,3%	57,9%
Total		7,9%	47,4%	39,4%	5,3%	100,0%

Fonte: Questionário aplicado aos funcionários públicos do Município Provincial de San Martin.
Elaboração: Própria

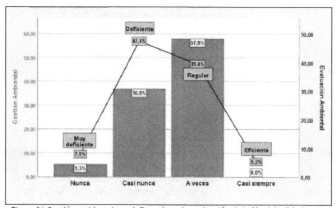

Figura 31 Gestão ambiental e a sua influência na avaliação da Câmara Municipal Provincial de San Martin, 2021
Fonte: Questionário aplicado aos funcionários públicos do Município Provincial de San Martin
Elaboração: Próprio

O quadro 33 mostra a associação entre a gestão ambiental e a avaliação ambiental do Município Provincial de San Martin 2021, onde foi realizado o teste do qui-quadrado, encontrando um valor p = 0,000 < *a= 0,05,* indicando que existe uma tal associação. Por conseguinte, afirma-se que a gestão ambiental está a influenciar a avaliação ambiental.

Quadro 33 Análise qui-quadrada da gestão e avaliação ambiental do Município de San Martin, 2021

Município Provincial de San Martin, 2021

	Valor	df	Significação asintotica (bilateral)
O Qui-quadrado de	32,857[a]		,000
Razão de Probabilidade	34,852		,000
Linear por associação linear	26,514	1	,000
N de casos válidos			

Fonte: Questionário aplicado aos funcionários públicos do Município Provincial de San Martin
Elaboración: Propia

4.3.2. - Gestão ambiental e a sua influência na supervisão da Câmara Municipal Provincial de San Martin, 2021.

Na presente análise, verificou-se que, para 5,3% e 36,8% dos funcionários do Município Provincial de San Martm, o município nunca e quase nunca leva a cabo

a. 8 caixas (66,7%) esperaram uma contagem inferior a 5. A
contagem mínima esperada é de 5,21.

uma gestão ambiental adequada. Verificou-se também que, para 7,9% e 26,3%, a

supervisão ambiental é muito deficiente e deficiente, respectivamente.

Quadro 34 Gestão ambiental e sua influência na supervisão da Câmara Municipal Provincial de San Martin, 2021 ~~de San Martin, 2021~~

		Supervisão				Total
		Muito pobre	Deficiente	Regular	Eficiente	
	Nunca	2,6%	2,6%	0,0%	0,0%	5,3%
Gestão	Quase nunca	5,3%	15,8%	15,8%	0,0%	36,8%
ambiental	Por vezes	0,0%	7,9%	42,1%	7,9%	57,9%
Total		7,9%	26,3%	57,9%	7,9%	100,0%

Fonte: Questionário aplicado aos funcionários públicos do Município Provincial de San Martin
Elaboración: Propia

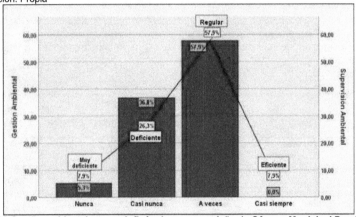

Figura 32 Gestão ambiental e a sua influência na supervisão da Câmara Municipal Provincial de San Martin, 2021
Fonte: Questionário aplicado aos funcionários públicos do Município Provincial de San Martin
Elaboración: Propia

O quadro 35 mostra a associação entre a gestão ambiental e a avaliação ambiental

do Município Provincial de San Martin 2021, encontrando através do teste do qui-

quadrado um valor p = 0,000 < *a= 0,05,* indicando que existe uma tal associação.

Por conseguinte, afirma-se que a gestão ambiental está a influenciar a supervisão

ambiental.

Quadro 35 Análise qui-quadrada da gestão e supervisão ambiental do Município de San Martin, 2021 ~~San Martin, 2021~~

	Valor	df	Significação asintotica (bilateral)
O Qui-quadrado de Pearson	29,802[a]		,000
Razão de Probabilidade	32,449		,000
Linear por associação linear	26,235	1	,000

a. 8 caixas (66,7%) esperaram uma contagem inferior a 5. A contagem mínima esperada é de .32.

Fonte: Questionário aplicado aos funcionários públicos do Município Provincial de San Martin
Elaboración: Propia

4.3.3. - Gestão ambiental e a sua influência no poder sancionatório do Município Provincial de San Martin, 2021.

Verificou-se na análise seguinte que, para 5,3% e 36,8% dos funcionários públicos do Município Provincial de San Martin, o município nunca e quase nunca leva a cabo uma gestão ambiental adequada. Para além destes resultados, também se pode observar que, para 15,8% e 55,3% dos funcionários do Município Provincial de San Martin, a autoridade sancionadora ambiental é muito deficiente e deficiente, respectivamente.

		Poderes sancionadores				Total
		Muito pobre	Deficiente	Regular	Eficiente	
Gestão ambiental	Nunca	5,3%	0,0%	0,0%	0,0%	5,3%
	Quase nunca	7,9%	26,3%	2,6%	0,0%	36,8%
	Por vezes	2,6%	28,9%	23,7%	2,6%	57,9%
	Total	15,8%	55,3%	26,3%	2,6%	100,0%

Fonte: Questionário aplicado aos funcionários públicos do Município Provincial de San Martin.
Elaboração: Própria

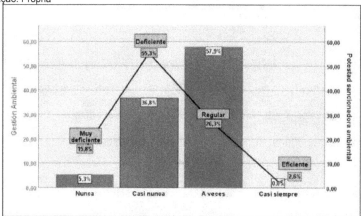

Figura 33 Gestão ambiental e a sua influência no poder sancionatório do Município Provincial de San Martin, 2021

Fonte: Questionário aplicado aos funcionários públicos do Município Provincial de San Martin
Elaboración: Propia

A associação entre a gestão ambiental e o poder sancionador ambiental do Município Provincial de San Martin 2021 foi realizada através do teste do qui-quadrado, encontrando um valor p = 0,000 < $a = 0,05$, indicando que existe uma tal associação. Por conseguinte, afirma-se que a gestão ambiental está a influenciar o

poder sancionatório ambiental.

Quadro 37 Análise qui-quadrada da gestão ambiental e do poder sancionatório do Município Provincial de San Martin, 2021

	Valor	df	Significação asintotica (bilateral)
O Qui-quadrado de Pearson	35,786^a		,000
Razão de Probabilidade	32,163		,000
Linear por associação linear	22,842	1	,000
N de casos válidos			

a. 7 caixas (58,3%) esperaram uma contagem inferior a 5. A contagem mínima esperada é de .11.

Fonte: Questionário aplicado aos funcionários públicos do Município Provincial de San Martin.
Elaboração: Própria

CAPÍTULO V

DISCUSSÃO

Na investigação realizada por (Ramirez, 2017) intitulada "Importância da auditoria ambiental nos factores que levam à aplicação de uma sanção ambiental firme nos procedimentos sancionatórios do Município Provincial de Tambopata, Departamento de Madre de Dios", verificou-se que os seguintes factores são relevantes para a aplicação de uma sanção ambiental firme nos procedimentos sancionatórios do Município Provincial de Tambopata, Departamento de Madre de Dios:

"Em termos de supervisão, 71% foram para a gestão de resíduos sólidos.

e 29% de acções de supervisão da poluição ambiental".

Na presente investigação, apenas 10,5% dos funcionários inquiridos constataram que a supervisão da protecção ambiental no município é realizada de forma eficiente a muito eficiente; por outras palavras, existem diferenças com os resultados de (Ram^ez, 2017), onde se pode ver claramente que a supervisão é realizada a uma taxa percentual mais elevada.

Na investigação de (Rodriguez, 2020) intitulada "Gestão ambiental e eco-eficiência no Município Provincial de Moyobamba, 2020", foi encontrado o seguinte:

"61,6% consideram a gestão ambiental no município como justa, 20,5% pobre e 17,8% boa".

No presente estudo, de acordo com 42,1% dos funcionários do Município Provincial de San Martin, o município não realiza uma gestão ambiental adequada, ou seja, no Município Provincial de San Martin existe uma gestão ambiental pior do que no Município Provincial de Moyobamba, de acordo com as conclusões de (Rodriguez, 2020).

Também, na investigação de (Rodriguez, 2020) denominada "Gestão ambiental e eco-eficiência no Município Provincial de Moyobamba, 2020", foi encontrado o seguinte:

"Em relação ao serviço social, 46,6% pensava que era justo e 31,5% pensava que era mau.

Verificou-se que, na presente investigação, para 57,9% dos entrevistados, o município não desenvolve actividades produtivas de inclusão social tirando partido dos recursos naturais, encontrando diferenças com os resultados de (Rodriguez, 2020), onde o serviço social ambiental é desenvolvido de uma forma melhor.

Na tese de (Roca, 2019) intitulada "Auditoria ambiental e seu efeito na avaliação da gestão ambiental do Município Provincial de Huamanga, 2018", foi encontrado o seguinte:

"73% declararam que a sua tomada de decisões tem em conta o impacto das suas actividades ambientais na sociedade e 27% responderam que não têm em conta o impacto das suas actividades ambientais na sociedade".

No Município Provincial de San Martin, apenas 2,6% dos funcionários públicos inquiridos indicaram que o município gera sempre informação ambiental para a tomada de decisões, uma percentagem inferior à encontrada por (Roca, 2019), no Município Provincial de Huamanga.

Além disso, na investigação de (Roca, 2019) intitulada "Auditoria ambiental e seu efeito na avaliação da gestão ambiental do Município Provincial de Huamanga, 2018", foi encontrado o seguinte:

"41% dizem que recebem sempre formação ambiental;

39% responderam que ocasionalmente; 10% responderam que às vezes, e 10% responderam que nunca recebem formação ambiental".

No Município Provincial de San Martin, verificou-se que apenas 2,6% dos entrevistados indicaram que o município forma quase sempre pessoal em gestão ambiental, o que difere das conclusões de (Roca, 2019), onde uma percentagem mais elevada indicou que recebem formação em questões ambientais no Município

Provincial de Huamanga.

Na investigação de (Ushinahua, 2019) sobre "Gestão ambiental e sua relação com a gestão integrada de resíduos sólidos no Município Provincial de San Marth, 2018", foi encontrado o seguinte:

"64% dos resultados classificaram a dimensão da auditoria como Inadequada".

No presente estudo, para 94,7% dos funcionários do Município Provincial de San Marth, a auditoria ambiental não é realizada de forma eficiente, o que difere das conclusões de (Ushinahua, 2019).

CONCLUSÕES

PRIMEIRO: A gestão ambiental está associada ao controlo ambiental do Município Provincial de San Martin. Esta conclusão reflecte-se em 97,4% dos funcionários, que indicaram que o município nem sempre gera informação ambiental para a tomada de decisões. Além disso, 89,5% indicaram que a municipalidade nem sempre toma medidas para reforçar a educação ambiental. Por outro lado, 97,4% dos funcionários públicos indicaram que a municipalidade nem sempre promove adequadamente o investimento sustentável.

SEGUNDO: A gestão ambiental está associada à avaliação da Câmara Municipal Provincial de San Martin. De acordo com 97,4% dos entrevistados, a identificação dos factores que influenciam a qualidade do ambiente não é eficiente. Por outro lado, 94,7% disseram que a avaliação ambiental não é levada a cabo de forma eficiente.

TERCEIRO: A gestão ambiental está associada à supervisão da Municipalidade Provincial de San Martin. Do mesmo modo, para 100% dos entrevistados, o cumprimento das obrigações ambientais no processo de inspecção não é eficiente.

QUARTO: A gestão ambiental está associada ao poder de
órgão sancionador da Câmara Municipal Provincial de San Martin. Verificou-se que, para 97,4% dos entrevistados, o estudo de possíveis infracções administrativas a nível ambiental não é eficiente. Além disso, 97,4% indicou que a aplicação de medidas correctivas de acordo com a inspecção ambiental não é eficiente.

RECOMENDAÇÕES

Recomenda-se às autoridades da Municipalidade Provincial de San Martin que o façam:

PRIMEIRO: Melhorar a gestão ambiental do município, através das seguintes acções:

- Facilitar o acesso à justiça ambiental
- Aumentar a frequência da avaliação do desempenho da regulamentação ambiental.
- Aumentar a geração de informação ambiental para a tomada de decisões.
- Optimizar a acção para reforçar a educação ambiental
- Aumentar a formação do pessoal em gestão ambiental.
- Aumentar as medidas para assegurar um ambiente saudável (água, ar, solo, resíduos sólidos).
- Incentivar a promoção do investimento sustentável
- Optimizar a gestão do território, aproveitando ao máximo os recursos naturais
- Melhorar o desenvolvimento de actividades produtivas de inclusão social, tirando partido dos recursos naturais.
- Aumentar a contribuição das estratégias de desenvolvimento do município para a conservação do património natural.
- Supervisionar que a gestão ambiental faz uma utilização sustentável da biodiversidade para conservar um património natural saudável.

SEGUNDO: Optimizar a avaliação da auditoria ambiental, melhorando o controlo da qualidade ambiental do município, bem como as provas técnicas na auditoria ambiental, aumentando a identificação dos factores que influenciam a qualidade do ambiente.

TERCEIRO: Melhorar a supervisão da auditoria ambiental,

O desenvolvimento da supervisão da protecção ambiental no município é também sugerido para ser optimizado.

QUARTO: Incentivar o reforço do poder sancionatório da inspecção ambiental, optimizando o estudo de possíveis infracções administrativas a nível ambiental, melhorando a aplicação de medidas correctivas de acordo com a inspecção ambiental, garantindo assim os direitos das pessoas administradas.

REFERÊNCIAS BIBLIOGRÁFICAS

Araujo, L., & Casanova, M. (2018). "El grado de cumplimiento de la fiscalizacion ambiental en las municipalidades distritales de la provincia de Trujillo durante los anos 2013 al 2017". Universidad Nacional de Trujillo, Trujillo,Peru. Recuperado de http://dspace.unitru.edu.pe/bitstream/handle/UNITRU/10517/AraujoBacon_ L%20-%20CasanovaMejia_M.pdf?sequence=1&isAllowed=y

Ard Schoemaker (2017). Glosario Ambiental:Conociendo los terminos ambientales usados en zonas mineras. Lima: Caixa de Ferramentas Ambientais. Recuperado de https://democraciaglobal.org/wp-content/uploads/tomo- 1_optimize.pdf

Armas, G. (2020). A gestão ambiental e os seus efeitos no desenvolvimento sustentável. Revista Centroamericana de Administração Publica, vol.78, pp.42-66. doi:https://doi.org/10.35485/rcap78_2

Comissão Multisectorial (2012). Ejes estrategicos de la Gestion Ambiental. Lima. Obtido em https://cdn.www.gob.pe/uploads/document/file/307801/EJES-ESTRATEGICOS-DE-LA-GESTION-AMBIENTAL.pdf

George, D., & Mallery, P. (2020). Estatísticas SPSS IBM 26 Passo a passo. Nova Iorque: Routledge.

Gutierrez, C. (2020). La Gestion Ambiental en tiempos de pandemia. Chile: Konrad AdenauerStiftung . Obtido em https://www.kas.de/documents/273477/8706787/Descarga+el+art%C3%ADculo+aqu%C3%AD+-+La+Gesti%C3%B3n+Ambiental+en+Tiempos+de+Pandemia.pdf/b6dc26b 2-63a7-4c2c-f4d8-897f0ad41e8a?version=1.1&t=1586370695215

Instituto Nacional de Estad^stica e Informatica (2020). Peru: Anuario de Estad^sticas Ambientales 2020. Peru: INEI. Recuperado de https://www.inei.gob.pe/media/MenuRecursivo/publicaciones_digitales/Est/Lib1760/book.pdf

Lei Geral do Ambiente (2017). LEY N° 28611. Lima,Peru. Obtido em

https://www.minam.gob.pe/wp-content/uploads/2017/04/Ley-N%C2%B0- 28611.pdf

Ministério do Ambiente (2012). Glosario de terminos para la gestion ambiental

Peruana (Glossário de termos para a gestão ambiental peruana).   Obtido em

http://siar.minam.gob.pe/puno/sites/default/files/archivos/public/docs/504.pd f

Ministério do Ambiente (2016). La fiscalizacion ambiental en el Peru. Lima.

   Recuperado de https://sinia.minam.gob.pe/documentos/fiscalizacion-

eventos de reforço do ambiente-peru-2011-2015

Município Provincial de San Martm.   (2020). Tabela de atribuição de

pessoal provisório (CAP-P). Gabinete do Orçamento e Racionalização, Tarapoto,

   San Marth   .   Recuperado de

https://www.mpsm.gob.pe/public/uploads/documentos/2020-cap-2020.pdf

Organismo de Evaluacion y Fiscalizacion Ambiental (2012). Ley del Sistema

Nacional de Evaluacion y Fiscalizacion Ambiental. Lei N°29325. Obtido em

https://www.oefa.gob.pe/?wpfb_dl=12165

Organismo de Evaluacion y Fiscalizacion Ambiental (2018). Manual de competencias

das   entidades   de   Fiscalizacion   Ambiental. Lima,Peru.   Obtido   em

https://www.oefa.gob.pe/?wpfb_dl=33950

Oyague, E., Yaja, A., & Franco, P. (2020). Efeitos ambientais do confinamento

devido à pandemia COVID-19: avaliação conceptual e análise de dados empíricos

em Tacna, Março-Abril de 2020. Science & Development, Vol.19(26), pp18.

doi:doi.org/10.33326/26176033.2020.26.901

Programa de PoKtica y Gestion Ambiental - SPDA (2016). La Participación

ciudadana en los procesos de evaluación de impacto amniental. Lima: Sociedade

Peruana   de   Direito   Ambiental.   Obtido   em

http://smia.munlima.gob.pe/uploads/documento/2c786d5fc0308fed.pdf

Programa Pontes UC. (2019). Gestão Ambiental Local em Municípios. Programa

PuentesUC , Chile. Recuperado de

https://static1.squarespace.com/static/5d72e113526e831468643361/t/5e97

2e75c7803229caed0f14/1586966203197/GESTIO%CC%81N+AMBIENTAL

+LOCAL+EN+MUNICIPIOS.pdf

Rammez, E. (2017). "Importância da inspecção ambiental nos factores que dão

origem à aplicação da sanção em matéria ambiental firme nos procedimentos

sancionatórios do município provincial de Tambopata, departamento de Madre de

Dios". Universidade Andina de Cusco, Madre de Dios". Obtido em

http://repositorio.uandina.edu.pe/bitstream/UAC/1004/3/Eberth_Tesis_bachi

ller_2017.pdf

ResolucionMinisterial N°247-2013-MINAM. (2013). Lima. Recuperado de

https://www.minam.gob.pe/wp-content/uploads/2014/02/RM-N%C2%BA- 247-2013-

MINAM.pdf

Roca, M. (2019). Auditoria ambiental e seu efeito na avaliação da gestão ambiental

do Município Provincial de Huamanga, 2018. Uiversidad Catolica los Angeles

Chimbote , Ayacucho, Peru. Obtido em

http://repositorio.uladech.edu.pe/bitstream/handle/123456789/11353/AUDIT

ORIA_AMBIENTAL_EVALUACION_EXAMEN_GESTION_AMBIENTAL_R

OCA_GOMEZ_%20MARIA_DEL_PILAR.pdf?sequence=1&isAllowed=y

Rodriguez, B. (2020). "Gestion ambiental y ecoeficiencia en la Municipalidad

Provincial de Moyobamba, 2020". Universidad Cesar Vallejo, Tarapoto,Peru.

Obtido em

https://repositorio.ucv.edu.pe/bitstream/handle/20.500.12692/50517/Rodr%

c3%adguez_RBE-SD.pdf?sequence=1&isAllowed=y

Roggeroni, V. (2014). Analisisis de la Aplicacion del Sistema Local de Gestion

Ambiental de la Provincia de Mariscal Ramon Castilla a partir de la Norma ISO 14001. Universidade de Manizales, Colômbia. Obtido de https://ridum.umanizales.edu.co/xmlui/bitstream/handle/20.500.12746/1752/ TESIS%20VANESSA%20ROGGERONI.pdf?sequence=1&isAllowed=y

Ushinahua, M. (2019). "Gestion ambiental y su relación con el manejo integral de residuos solidos en la Municipalidad Provincial de San Martm, 2018". UniversidadCesarVallejo , Tarapoto. Recuperado de https://hdl.handle.net/20.500.12692/31290

ANEXOS
ANEXO 1: QUESTIONÁRIO

O questionário procura analisar como a gestão ambiental influencia a auditoria ambiental no Município Provincial de San Martin, 2021. Com o objectivo de propor melhorias na gestão e supervisão ambiental.

Instruções: Deve seleccionar com (x) uma opção de resposta, para cada pergunta colocada, é-lhe pedido que responda honestamente a cada uma delas, a fim de conhecer a sua opinião sobre o tema de estudo.

Gestão Ambiental	Nunca	Quase nunca	Por vezes	Quase sempre	Sempre
1.- O acesso à justiça ambiental é facilitado no Município					
2.- Com que frequência é que o município avalia o desempenho da regulamentação ambiental?					
3.- O município gera informação ambiental para a tomada de decisões.					
4.- O município toma medidas para reforçar a educação ambiental.					
5.- O município forma pessoal em gestão ambiental.					
6.- O município toma medidas para assegurar um ambiente saudável (água, ar, solo, resíduos sólidos).					
7. -O município promove investimento adequadamente sustentável					
8.- O município gere o seu território tirando partido dos recursos naturais.					
9.- O município desenvolve actividades produtivas para a inclusão social. aproveitamento dos recursos naturais					
10.- As estratégias de desenvolvimento do município contribuir para conservação do património natural					
11. -Ambiente ambiental faz utilização utilização sustentável da diversidade biológica para a conservação de um património natural saudável					

Elaboração: Própria

Controlo ambiental	Muito pobre	Deficiente	Regular	Eficiente	Muito Eficiente
12.- Monitorização da qualidade ambiental do município é					
13.- As provas técnicas em auditoria ambiental são					
14.- A identificação dos factores que influenciam a qualidade do ambiente é					
15.- Cumprimento das obrigações ambientais em em processo auditoria pt					
16.- A supervisão da protecção do ambiente no município é realizada da seguinte forma					
17.- O estudo de possíveis infracções administrativas a nível ambiental é					
18.-A implementação das medidas correctivas de acordo com auditoria ambiental é					
19.- A inspecção ambiental garante o direito dos administrados de uma forma					

Elaboração: Própria

ANEXO 2: VALIDAÇÃO DO INSTRUMENTO

Informe de Juicio de Experto sobre Instrumento de Investigación

I.Datos Generales
* Título de la Investigación: "GESTIÓN AMBIENTAL Y SU INFLUENCIA EN LA FISCALIZACIÓN AMBIENTAL DE LA MUNICIPALIDAD PROVINCIAL DE SAN MARTÍN, 2021"
* Apellidos y Nombres del experto: FOHNCLARK MACEO NIETO BALDEON
* Grado Académico: MAESTRO EN CIENCIAS EN AGROECOLOGÍA, MENCIÓN: GESTIÓN AMBIENTAL
* Institución en la que trabaja el experto: MUNICIPALIDAD PROVINCIAL DE TOCACHE
* Cargo que desempeña: SUB GERENTE DE ORDENAMIENTO TERRITORIAL DE LA MUNICIPALIDAD PROVINCIAL DE TOCACHE
* Instrumento motivo de evaluación: Cuestionario
* Autores del instrumento: MIRKO JUNIORS MORALES RAMÍREZ
* ASPECTOS DE VALIDACIÓN

MUY DEFICIENTE (1) DEFICIENTE (2) ACEPTABLE (3) BUENA (4) EXCELENTE (5)

CRITERIOS	INDICADORES	1	2	3	4	5
CLARIDAD	Los ítems están formulados con lenguaje apropiado, es decir libre de ambigüedades.					X
OBJETIVIDAD	Los ítems del instrumento permitirán mensurar la variable en todas sus dimensiones e indicadores en sus aspectos conceptuales y operacionales.					X
ACTUALIDAD	El instrumento evidencia vigencia acorde con el conocimiento científico, tecnológico y legal					X
ORGANIZACIÓN	Los ítems del instrumento traducen organicidad lógica en concordancia con la definición operacional y conceptual relacionada con las variables en todas dimensiones e indicadores, de manera que permitan hacer abstracciones e inferencias en función a los problemas y objetivos de la investigación.					X
SUFICIENCIA	Los ítems del instrumento expresan suficiencia en cantidad y calidad.				X	
INTENCIONALIDAD	Los ítems del instrumento evidencian ser adecuados para el examen de contenido y mensuración de las evidencias inherentes.					X
CONSISTENCIA	La información que se obtendrá mediante los ítems, permitirá analizar, describir y explicar la realidad motivo de la investigación.					X
COHERENCIA	Los ítems del instrumento expresan coherencia entre la variable, dimensiones e indicadores.				X	
METODOLOGÍA	Los procedimientos insertados en el instrumento responden al propósito de la investigación.					X
PERTINENCIA	El instrumento responde al momento oportuno o más adecuado.					X
	SUBTOTAL				8	40
	TOTAL		48			

III. OPINIÓN DE APLICACIÓN: Es válido para su aplicación

IV.PROMEDIO DE VALIDACIÓN: 4.8 Excelente

Lima, 17 de febrero del 2021

FOHNCLARK MACEO NIETO BALDEON
M.Sc. en Ciencias en Agroecología, mención:
Gestión Ambiental. Ing. Forestal
DNI N° 70344798 - CIP 184498

FIRMA DEL EXPERTO
DNI: 70344798

ANEXO 3: VALIDAÇÃO DO INSTRUMENTO

Informe de Juicio de Experto sobre Instrumento de Investigación

I Datos Generales
* Título de la Investigación: "GESTIÓN AMBIENTAL Y SU INFLUENCIA EN LA FISCALIZACIÓN AMBIENTAL DE LA MUNICIPALIDAD PROVINCIAL DE SAN MARTÍN, 2021"
* Apellidos y Nombres del experto: JOSEPH GIANFRANCO RENGIFO VASQUEZ-CAICEDO
* Grado Académico: MASTER UNIVERSITARIO EN MEDIO AMBIENTE, DIMENSIONES HUMANAS Y SOCIOECONOMICAS
* Institución en la que trabaja el experto: ORGANISMO DE EVALUACIÓN Y FISCALIZACIÓN AMBIENTAL - OEFA
* Cargo que desempeña: TERCERO LEGAL DE LA OFICINA DESCONCENTRADA DE JUNÍN DEL OEFA
* Instrumento motivo de evaluación: Cuestionario
* Autores del instrumento: MIRKO JUNIORS MORALES RAMÍREZ
* ASPECTOS DE VALIDACIÓN

MUY DEFICIENTE [1]   DEFICIENTE (2)   ACEPTABLE (3)   BUENA (4)   EXCELENTE (5)

CRITERIOS	INDICADORES	1	2	3	4	5
CLARIDAD	Los ítems están formulados con lenguaje apropiado, es decir libre de ambigüedades.					X
OBJETIVIDAD	Los ítems del instrumento permitirán mensurar la variable en todas sus dimensiones e indicadores en sus aspectos conceptuales y operacionales.					X
ACTUALIDAD	El instrumento evidencia vigencia acorde con el conocimiento científico, tecnológico y legal.					X
ORGANIZACIÓN	Los ítems del instrumento traducen organicidad lógica en concordancia con la definición operacional y conceptual relacionada con las variables en todas dimensiones e indicadores, de manera que permitan hacer abstracciones e inferencias en función a los problemas y objetivos de la investigación.					X
SUFICIENCIA	Los ítems del instrumento expresan suficiencia en cantidad y calidad.					X
INTENCIONALIDAD	Los ítems del instrumento evidencian ser adecuados para el examen de contenido y mensuración de las evidencias inherentes.				X	
CONSISTENCIA	La información que se obtendrá mediante los ítems, permitirá analizar, describir y explicar la realidad motivo de la investigación.					X
COHERENCIA	Los ítems del instrumento expresan coherencia entre la variable, dimensiones e indicadores.					X
METODOLOGÍA	Los procedimientos insertados en el instrumento responden al propósito de la investigación.					X
PERTINENCIA	El instrumento responde al momento oportuno o más adecuado.					X
	SUBTOTAL				4	45
	TOTAL			49		

III. OPINIÓN DE APLICACIÓN: Es válido para su aplicación

IV. PROMEDIO DE VALIDACIÓN: 4.9 Excelente

Lima, 17 de febrero del 2021

Abg. Joseph G. Rengifo Vasquez-Caicedo
MASTER EN MEDIOAMBIENTE DIMENSIONES
HUMANAS Y SOCIOECONOMICAS
C.A.L. 17973

FIRMA DEL EXPERTO
DNI: 44182583

ANEXO 4: VALIDAÇÃO DO INSTRUMENTO

Informe de Juicio de Experto sobre Instrumento de Investigación

I. Datos Generales
- Título de la Investigación: "GESTIÓN AMBIENTAL Y SU INFLUENCIA EN LA FISCALIZACIÓN AMBIENTAL DE LA MUNICIPALIDAD PROVINCIAL DE SAN MARTÍN, 2021"
- Apellidos y Nombres del experto: RENE FELIPE RAMOS GUEVARA
- Grado Académico: MAGISTER EN GESTIÓN PÚBLICA Y GOBERNABILIDAD
- Institución en la que trabaja el experto: UNIVERSIDAD CÉSAR VALLEJO
- Cargo que desempeña: DOCENTE DE TIEMPO COMPLETO DEL CURSO DE PROYECTO Y DESARROLLO DE INVESTIGACIÓN
- Instrumento motivo de evaluación: Cuestionario
- Autores del instrumento: MIRKO JUNIORS MORALES RAMÍREZ
- ASPECTOS DE VALIDACIÓN

MUY DEFICIENTE (1)   DEFICIENTE (2)   ACEPTABLE (3)   BUENA (4)   EXCELENTE (5)

CRITERIOS	INDICADORES	1	2	3	4	5
CLARIDAD	Los ítems están formulados con lenguaje apropiado, es decir libre de ambigüedades.					X
OBJETIVIDAD	Los ítems del instrumento permitirán mensurar la variable en todas sus dimensiones e indicadores en sus aspectos conceptuales y operacionales.					X
ACTUALIDAD	El instrumento evidencia vigencia acorde con el conocimiento científico, tecnológico y legal.					X
ORGANIZACIÓN	Los ítems del instrumento traducen organicidad lógica en concordancia con la definición operacional y conceptual relacionada con las variables en todas dimensiones e indicadores, de manera que permitan hacer abstracciones e inferencias en función a los problemas y objetivos de la investigación.					X
SUFICIENCIA	Los ítems del instrumento expresan suficiencia en cantidad y calidad.					X
INTENCIONALIDAD	Los ítems del instrumento evidencian ser adecuados para el examen de contenido y mensuración de las evidencias inherentes.					X
CONSISTENCIA	La información que se obtendrá mediante los ítems, permitirá analizar, describir y explicar la realidad motivo de la investigación.					X
COHERENCIA	Los ítems del instrumento expresan coherencia entre la variable, dimensiones e indicadores.					X
METODOLOGÍA	Los procedimientos insertados en el instrumento responden al propósito de la investigación.					X
PERTINENCIA	El instrumento responde al momento oportuno o más adecuado.				X	
	SUBTOTAL				4	45
	TOTAL			49		

II. OPINIÓN DE APLICACIÓN: Es válido para su aplicación
IV. PROMEDIO DE VALIDACIÓN: 4.9 Excelente

Lima, 17 de febrero del 2021

FIRMA DEL EXPERTO
DNI: 30415441
Mg. René Felipe Ramos Guevara
ABOGADO
Reg. CAAN° 02197

74

ANEXO 5: BASE DE DADOS

ANEXO 5: BASE DE DATOS

ANEXO 5: BASE DE DADOS (continuação)

ANEXO 6: BASE DE DATOS (Continuación)